투자 유치를 위한 명쾌한 재무제표 만들기
# 스타트업 30분 회계
## (개정판)

투자 유치를 위한 명쾌한 재무제표 만들기
# 스타트업 30분 회계(개정판)

**개정판 1쇄 인쇄** 2025년 6월 16일
**개정판 1쇄 발행** 2025년 6월 30일

**지은이** 박순웅

**발행인** 백유미 조영석

**발행처** (주)라온아시아
**주소** 서울특별시 서초구 방배로180 스파크플러스 3F

**등록** 2016년 7월 5일 제 2016-000141호
**전화** 070-7600-8230   **팩스** 070-4754-2473

**값** 22,500원
**ISBN** 979-11-6958-214-8 (13320)

※ 라온북은 (주)라온아시아의 퍼스널 브랜드입니다.
※ 이 책은 저작권법에 따라 보호받는 저작물이므로 무단전재 및 복제를 금합니다.
※ 잘못된 책은 구입하신 서점에서 바꾸어 드립니다.

라온북은 독자 여러분의 소중한 원고를 기다리고 있습니다. (raonbook@raonasia.co.kr)

투자 유치를 위한 명쾌한 재무제표 만들기

# 스타트업 30분 회계

박순웅 지음

**최신 개정판**

반드시 알아야 할
회계 이슈 30

"스타트업, 이제 회계 공부로 빌드 업(build-up)하라"
VC에게 든든한 투자 유치를 얻어낼 수 있는
스타트업이 고민하는 회계 정리의 모든 것

RAON BOOK

## 프롤로그

회계, 이제 30분이면 충분하다.

### ◯ 스타트업 전문 회계는 따로 없다

"스타트업 창업자가 필수로 알아야 하는 회계 지식은 무엇인가요?"
"스타트업 세무회계를 전문으로 하는 회계/세무 사무소를 소개받고 싶어요."

위 질문은 스타트업(초기) 창업자들로부터 흔히 듣는 내용이다. 이에 대한 나의 첫 번째 대답은 '스타트업 전문 회계는 없다'는 것이다. 회계는 기업 활동을 표현하는 언어이고 재무제표라는 결과물로 표현된다. 재무제표를 작성하는 기준을 기업회계기준이라 한다. 회계기준의 종류에는 크게 일반기업회계기준과 한국채택국제회계기준이 있다. 회계기준은 상장기업과 비상장기업으로 구분해서 적용되고 스타트업에게만 적용되는 회계기준은 없기 때문이다.

수많은 기업회계기준 규정들 중에서 스타트업에게 적용되는 내용들은 매우 제한적인데다가 단순하다. 스타트업은 초기 기업으로서 거래구조가 단순하기 때문이다. 회계적 측면에서 대부분의 경우 매출 규모는 크지 않고 비용만 발생하는 경영활동을 하기 때문에 재무제표 작성 방법도 중소형 기업들에 비해 비교적 평이하다. 하지만 초기기업에게 주로 나타나는 회계 이슈가 있고 성장해 가는 과정에서 신경써야 할 내용들이 있다. 나의 최종 답변은 다음과 같다.

"스타트업 전문 회계는 없습니다. 스타트업 단계와 성장 과정에서 주로 발생하는 이슈에 대한 회계 기본을 익혀야 합니다."

## ○ 회계는 어렵다. 그러나 방법은 있다

나는 회계학을 전공하고 회계법인에서 어느덧 20여년 동안 회계감사 등 실무를 경험했다. 오랫동안 회계와 함께하면서 내린 결론은 바로 '회계는 어렵다'는 것이다. 회계기준은 지속적으로 개정되고 내용은 복잡해진다. 원칙 중심의 회계기준으로 인해 관점에 따라 다른 해석이 발생한다. 다양한 회계 이슈가 발생하고 소송 등 회계 분쟁으로 이어지기도 한다. 재무제표에 대한 회계감사 과정에서 오류가 발견되어 이미 작성된 과거 재무제표를 수정해야 하는 경우도 발생한다.

어렵고 복잡하다고 해서 절망할 필요는 없다. 어려운 회계 공부를 하자는 것이 아니다. 복잡한 회계 지식을 연구할 필요도 없다. 회계 전반에 대한 기본을 익히자는 것이다. 이것이 내가 이 책을 쓰게 된 이유다. 스타트업 회계는 가볍고 심플해야 한다. 스타트업은 다행스럽게도 아직 회계 이슈를 대비할 충분한 시간이 있다. 회계 기본을 숙지해 초기 기업에 주로 발행하는 그리고 미래에 발생 가능한 회계 이슈를 파악하고 준비하면 된다.

## 최소한의 회계지식을 익히자

스타트업 운영과 더불어 다음 단계로의 성장을 위해 회계 기본을 익히는 것이 이 책의 핵심이다. 자금 유치를 위한 회계기준에 부합하는 재무제표 작성과 기업가치 평가 방법도 살펴봄으로써 투자자의 마음을 읽고 그들과 협상할 수 있는 최소한의 회계 지식을 무장하는 것도 이 책의 목적이다. 크게 1부와 2부로 나누어 신생 기업들이 성장해가며 맞닥뜨릴 수 있는 대표적인 회계 이슈를 사례별로 살펴보면서 주요 회계 지식을 전달하고자 했다.

1부에서는 기업들이 회계를 처리할 때 쉽게 맞닥뜨리는 주요한 쟁점 서른 가지를 실제 사례를 통해 설명했다. 기업이 성장하며 접할 수 있는 회계 이슈들을 살펴본다. 딱딱한 회계이론과 어려운 회계기준이 아닌 내가 회계사 생활을 하며 실제로 접했던 회계 오류 등을 중심으로 책을 기술했다. 재무제표의 기본 개념과 형태, 복식부기 방법론, 이들로부터 발생하는 다양한 회계 이슈들을 가벼운 마음으로 살펴보면 된다. 우리 회사의 재무제표는 어떤 모습인지를 떠올리며 책을 읽어 나간다면 더욱 도움이 될 것이다. 이 과정에서 다양한 회계 이슈를 미리 대비하는 방법도 습득하게 된다.

2부에서는 꼭 알아야 할 주요한 회계 용어와 개념을 정리해 실었다. 스타트업 창업자가 알아야 하는 최소한의 회계 지식을 별도로 정리했기 때문에 기업을 운영하면서 꾸준히 참고하면 큰 도움이 되리라고 생각한다.

## 스타트업을 넘어 스케일업(Scale-Up)

스타트업은 더 이상 스타트업이 아닌 스케일업을 향해야 한다. 대기업에 비해 상대적으로 제한적 자원으로 기업을 운영하는 스타트업 창업자는 본연의 업무에 전력투구해야 한다. 하루에 30분만 회계에 투자하자. 여기서 소개하는 주요 회계 이슈에 집중하자. 이 정도만 해도 절대 심플하지 않다. 그 다음 단계의 내용이 고민될 정도로 성장하는 것이 우선이다. 그때쯤이면 사내에 회계 전문가 또는 CFO(최고재무책임자)를 영입할 수도 있다. 하지만 기본은 스스로 알아야 한다. 누구도 먼저 챙겨주지 않는다. 이것이 이 책을 읽어야 하는 이유다.

차 례

프롤로그 | 회계, 이제 30분이면 충분하다.　　　　　　　　　4

## 1부　사례로 배우는 주요 회계 이슈 30

1. 좋은 재무제표란 어떤 것일까?　　　　　　　　　　15
2. 20억 매출채권, 뚜껑 열어보니 반토막　　　　　　　22
3. 시한폭탄이 된 해외투자금　　　　　　　　　　　　31
4. 주식투자에 잠재된 위험　　　　　　　　　　　　　41
5. 폭탄은 정말 터진다 : 매출채권과 유동성 위험　　　47
6. 종속기업투자주식이라는 연쇄폭탄　　　　　　　　54
7. 10초 만에 이익을 부풀리는 재고자산 비법　　　　　60
8. 회계이슈 단골 메뉴 : 진부화된 재고자산　　　　　　68
9. 한 번 개발비는 영원한 개발비일까?　　　　　　　　75
10. 모두가 평가를 포기한 무형자산 3,750억 원　　　　82

| | | |
|---|---|---|
| 11. | 보이지 않는 무형자산 : 영업권 | 88 |
| 12. | 옐로카드를 받은 옐로모바일 : 영업권손상 사례 | 96 |
| 13. | 가치평가를 향한 회장님의 옥중서신 | 104 |
| 14. | 숨은 지뢰 찾기 : 가지급금 | 110 |
| 15. | 당신은 돈을 벌기 위해 태어난 사람 : 법인의 개념 고찰 | 117 |
| 16. | 폭탄의 종류는 다양하다 : 선급금, 대여금 | 123 |
| 17. | 매출 인식도 타이밍이 있다 | 131 |
| 18. | 이익은 같지만 매출이 다르다 : 수익인식 총액·순액 이슈 | 137 |
| 19. | 무엇을 하는 회사인가 : 영업수익 vs 영업외수익 | 144 |
| 20. | 정부보조금을 회계처리하는 3가지 방법 | 149 |
| 21. | 매출로 둔갑한 차입금 | 155 |
| 22. | 나를 잊지 말아요 : 부채 | 161 |
| 23. | 보이지 않는 부채 : 충당부채, 우발부채 | 167 |
| 24. | 돈 갚을 날짜는 정확하게 기억하자 : 차입금 유동성 분류 | 174 |
| 25. | 가지급금 친구 : 가수금 | 180 |
| 26. | 투자금은 공짜가 아니다 : 상환전환우선주 | 188 |
| 27. | 스타트업 기업가치 평가방법 : 관심법 | 194 |
| 28. | 아름다운 이별을 위한 스타트업 기업가치 평가 | 201 |
| 29. | 이익을 원하지 않는 기업도 있다 : 역분식 | 208 |
| 30. | 상장을 위해 넘어야 할 회계관문 : 금감원 지정감사 | 214 |

## 2부 꼭 알아야 하는 회계 개념

1. 재무제표는 무엇인가? 223
2. 왼쪽과 오른쪽 찾기 : 복식부기 228
3. 재무상태표 해석하기 234
4. 수익과 비용, 이익의 차이는 무엇인가? 240
5. 손익계산서 이해하기 245
6. 자본잠식을 피하는 방법 250
7. 기업가치를 평가하는 세 가지 방법 256
8. 자금조달 유형과 재무제표에 미치는 영향 262
9. 회계에서 돈보다 중한 것 : 발생주의 268
10. 이익보다 중요한 것은 현금이다 271
11. 회계 주요용어 개념 277
12. Scale-up 회계성장통 : 주요 회계 이슈 286
13. 재무실사, 회계감사 대비 Checklist 63 289
14. 회계개념 정립하기 : 학습 총정리 293

## 1부

### 사례로 배우는
### 주요 회계 이슈 30

# 1 좋은 재무제표란 어떤 것일까?

## ○ 우리 회사, 예쁜 재무제표를 가질 수 있을까?

"재무제표를 좋아 보이게 하기 위해서는 어떻게 해야 하나요?"

X기업과의 회계 멘토링 시간에 나온 대표이사의 질문이다. 세라믹 코팅 신기술을 활용한 주방용품 제조업체인 X기업은 올해 설립 2년 차로, 첫해 매출 8,000만 원, 영업이익 700만 원을 달성했다. 자산은 8,000만 원이며 부채 6,000만 원을 차감한 순자산 2,000만 원을 가지고 있다.

대표이사는 설립 이래 첫 번째 성적표를 보며 나름 만족감을 느끼고 있었다. 이런 토대를 바탕으로 앞으로 매출이 증가해 회사가 성장하길 기대했을 것이다. 그렇게 재무제표에 대한 관심을 조금씩 높여가는 중에 위와 같은 질문을 한 것이다.

그러나 그 당시 10년 넘게 회계와 함께해 온 나였지만 명확한 답을 할 수 없었던 기억이 있다. 좋아 보이는 재무제표란 과연 어떤 것일까?

## ◐ '좋아 보이는' 재무제표는 어떻게 생겼길래

먼저 재무제표에 대해 살펴볼 필요가 있다. 재무제표가 어떻게 생겼는지 알아야 그것이 좋아 보이는지 안 좋아 보이는지 판단할 수 있을 것이다. 재무제표의 종류로는 손익계산서, 재무상태표, 자본변동표, 현금흐름표가 있다. 이 중 대표적인 것이 손익계산서와 재무상태표다. 손익계산서는 기업이 일정 기간 벌어들인 돈과 지출한 돈을, 재무상태표는 기업이 특정 시점 현재 보유한 재산 현황을 보여주는 회계장부다.

수익은 일정 기간 벌어들인 돈, 비용은 돈을 벌기 위해 지출한 돈을 의미하고, 수익에서 비용을 차감하면 이익(또는 손실)이 산출된다. 자산은 전체 재산, 부채는 갚을 돈, 자산에서 부채를 차감한 순자산을 자본이라 표현한다.

재무제표가 어떤 모양을 하면 좋아 보일까? 내가 생각하는 답은 단순하다. 많이 벌고 가진 것이 많이 표시되는 재무제표가 좋아 보이는 재무제표다. 다음 표에 항목별로 크고 작음으로 표현해보았다.

손익계산서에서 수익은 크고(①) 비용은 작으면(②) 좋다. 그렇게 되면 수익에서 비용을 차감한 이익은 커진다(③). 재무상태표에서 전체 재산인 자산이 크면(④) 좋고 남에게 갚을 부채가 작을수록(⑤) 순재산인 자본은 커지므로(⑥) 좋다고 판단할 수 있다.

[손익계산서와 재무상태표]

| 손익계산서 | |
|---|---|
| 수익 | ① ↑ |
| (−) 비용 | ② ↓ |
| = 이익 | ③ ↑ |

| 재무상태표 | |
|---|---|
| 자산 | ④ ↑ |
| (−) 부채 | ⑤ ↓ |
| = 자본 | ⑥ ↑ |

## 재무제표의 탄생 : 복식부기

좋아 보이는 재무제표를 만들기 위해 어떻게 해야 할까? '수익(①)과 자산(④)은 크게, 비용(②)과 부채(⑤)는 작게'라는 목표를 가지고 재무제표 방법론에 적용하면 된다. 이를 위해서는 재무제표가 어떻게 작성되고 탄생되는지 살펴볼 필요가 있다.

재무제표는 복식부기에 의해 탄생한다. 복식부기는 2단계 절차를 거치는데, 먼저는 거래의 분류 단계다. 여러 거래 형태를 수익, 비용, 자산, 부채, 자본으로 분류한다. 이는 궁극적으로 손익계산서와 재무상태표에 표시되는 항목이다.

그 다음은 거래의 기록 단계다. 거래의 원인과 결과 두 가지 측면을 왼쪽과 오른쪽(이를 회계에서는 차변과 대변이라 한다)에 기록한다. 분류된 거래 중 자산과 비용을 왼편에 기록하고 나머지 항목인 부채와 자본, 수익은 오른쪽에 기입하는 방법을 취한다. 이러한 과정을 분개라고 하고 분개를 통해 집계된 항목이 최종 집계되어 재무제표가 탄생한다.

| [복식부기 방법론] | | | |
|---|---|---|---|
| 왼쪽(차변) | | 오른쪽(대변) | |
| 자산, 비용 | xxx | 부채, 자본, 수익 | xxx |

## ◐ 재무제표를 좋아 보이게 하는 3대 비법

'자산과 수익은 크게, 비용과 부채는 작게'라는 목표를 복식부기 방법론에 대입해보자. 목표 달성을 위한 여러 방법 중 대표적인 세 가지 비법을 살펴보면 다음과 같다.

**첫 번째, 비용을 자산으로 기록하는 방법이다.** 복식부기 차변에는 자산과 비용이 기록되는데, 비용으로 기록해야 할 항목을 자산으로 기록하면 재무제표는 좋아 보인다. 가진 재산은 많아 보이고 수익에서 비용을 차감한 이익은 실제보다 증가한다. 단순하고도 강력한 비법이다.

**두 번째, 기록해야 할 비용과 부채를 실제보다 작게 반영하는 방법이다.** 비용은 이익을 줄이고 부채는 순자산을 줄이므로 목표 달성에 걸림돌이다. 이들을 실제보다 작게 인식하면 재무제표는 조금 더 좋아 보인다. 목표의 정도에 따라 비용과 부채를 인식하지 않는 방법도 있다.

**세 번째, 존재하지 않는 자산과 수익을 반영하는 방법이다.** 재무 현황과 손익 상태가 좋지 않은 기업을 위한 극약 처방이다. 이 외에도 목표 달성을 위한 비법은 다양하다. 거래의 분류와 기록 단계에서 기업이 처한 상황에 따라 비법을 적용하면 된다.

여기까지 읽으면서 뭔가 이상하다고 짐작했을 수도 있겠지만 앞에서 살펴본 비법은 원칙에 어긋난 것이다. 재무제표는 기업회계기준을 준수해서 작성되어야 하는데, 기업회계기준을 위반한 방법으로 재무제표를 작성하는 것을 분식회계라 한다. 이는 '실제로 좋은 재무제표'가 아닌 '좋아 보이는 재무제표'를 만들기 위한 방법이다.

## ◯ 정말로 좋은 재무제표는 무엇일까

다시 X기업 대표의 질문으로 돌아가 이렇게 질문을 바꿔보자.

"좋은 재무제표를 탄생시키기 위해서는 어떻게 해야 하나요?"

좋아 보이는 재무제표와 정말로 좋은 재무제표는 다른 것이다. 그렇다면 정말로 좋은 재무제표란 무엇일까? 기업회계기준에 따라 거래를 올바르게 분류하고 정확한 금액을 정해진 위치에 기록해서 탄생되는 재무제표가 정말로 좋은 재무제표다. 진실한 재무제표가 중요한 것이다.

"원래 좋은 재무제표가 좋아 보이는 재무제표입니다."

그 당시 답하지 못한 나의 늦은 답변이다. 이어지는 글들에서는 그간 내가 경험한 회계감사, 재무실사 등 여러 사례를 통해 좋아 보이는 재무제표와 원래 좋은 재무제표, 진실한 재무제표가 어떤 것인지 구체적인 답을 함께 살펴볼 것이다.

### ◐ 자산 vs 비용

앞서 살펴본 비법 중 특히 관심을 기울일 부분은 자산과 비용의 관계다. 자산은 가치 있는 경제적 자원의 유입이고 비용은 경제적 자원의 유출이다.

핵심은 자산의 가치는 시간이 경과하면서 감소할 수 있다는 점이다.

지우개를 예로 들어보자. 지우개는 잘못 적은 글씨나 그림 등을 지워주는 가치 있는 재산이라 할 수 있다. 가치 있는 재산을 회계에서 '자산'이라 표현한다. 생각해볼 것은 지우개의 가치가 영원하지 않다는 것이다. 지우개가 닳아 없어지듯 자산의 가치는 시간이 지남에 따라 감소한다. 자산의 가치가 감소한다면 경제적 자원의 유출이 되어 회계적 관점에서 자산이 아닌 '비용'이 된다.

또한 자산의 가치는 판단하는 사람의 관점에 따라서 다를 수 있다. 어떤 자원이 경제적 가치가 있다고 판단된다면 자산이 될 수 있지만 반대의 경우라면? 누군가는 지우개가 불필요한 물건이라 생각할 수도 있고 이처럼 동일 대상에 대해 가치가 없다고 판단한다면 회계적으로 자산이 아닌 비용이 되어야 한다.

정리하자면 자산은 곧 비용이라는 것이다. 시간 흐름에 따른 자산의 가치 감소에 따라서 또는 현재 시점에서도 사회 구성원의 가치판단 유무에 따른 관점에 따라서 말이다.

자산과 비용의 분류는 진실한 재무제표가 무엇인지 살펴보는 과정에서 핵심이 되는 내용이다. 이 부분은 여러 회사에서 가장 많이 등장하는 회계 이슈이기도 하다.

   지금 그리고 이 책을 읽은 후 회사의 재무제표를 한번 들여다보자. 자산으로 표시된 여러 항목들 중 비용으로 반영되어야 할 것은 없는지, 그 세부 상태가 어떤지를 살펴보면 좋아 보이는 재무제표가 아닌 정말로 좋은 재무제표, 진실한 재무제표에 한 발짝 더 다가갈 수 있을 것이다.

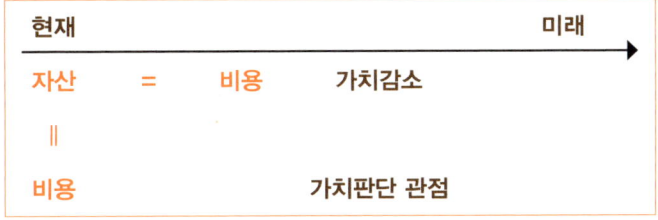

# 20억 매출채권, 뚜껑 열어보니 반토막

2020년 설립된 A사는 가상현실 온라인 퍼즐게임을 개발하는 업체다. 이 회사는 2024년 처음으로 법정회계감사 대상이 되었다. 회계감사란 재무제표가 기업회계기준을 준수해서 작성되었는지에 대해 회계법인으로부터 검토를 받는 것을 의미한다. 이러한 회계감사는 법에 따라 의무적으로 받아야 하는 경우와 회사가 자발적으로 받은 경우가 있는데 전자를 '법정감사', 후자를 '임의감사'라고 한다.

이 회사는 회계법인으로부터 회계감사를 받는 과정에서 재무제표와 관련해 다음과 같은 권고사항을 받았다.

"매출채권 20억 원 중 장기 미회수채권 10억 원에 대해 회수 가능성을 고려해 손상차손(대손충당금) 인식을 권고합니다."

이 같은 권고사항의 의미는 무엇일까? 이는 A사가 재무제표에 자산으로 기재한 20억 원 중 10억 원은 자산이 아닌 비용으로 인식할 필요가 있다는 의미다. A사의 재무제표가 어떻게 되어 있기에 회계법인은 절반에 가까운 10억 원을 못 받는다고 판단했을까? 이를 알아보려면 먼저 A사가 작성한 재무제표를 들여다보아야 한다.

### ○ 재무제표상 매출채권, 알고 보니 반은 휴지쪼가리?

A사가 회계감사를 받기 위해 회계법인에게 제출한 재무제표는 다음과 같다.

**재무상태표**(단위 : 억 원)

| 자산 | | 부채 | 85 |
|---|---|---|---|
| 매출채권 | 20 | 자본 | 40 |
| 기타자산 | 105 | | |
| 자산합계 | 125 | 부채와자본 합계 | 125 |

**손익계산서**(단위 : 억 원)

| 영업수익(매출) | 70 |
|---|---|
| 영업비용 | (−) 50 |
| 영업이익 | 20 |
| 영업외손익 | (+/−) 0 |
| 당기순이익 | 20 |

재무제표에 의하면 A사의 전체 자산은 125억 원이고 남에게 갚을 돈 85억 원을 차감한 순재산(자본)은 40억 원이다. 매출액은 70억 원이 발생했고 영업비용 50억 원을 차감한 영업이익 20억 원을 달성했다. 자본과 영업이익의 크고 작음은 다른 회사 등과 비교해서 판단해야겠지만, 순재산 40억 원에 영업이익 20억 원을 달성한 나름 괜찮은 회사라 생각할 수도 있다.

재무상태표에는 자산과 부채가 표시되고 손익계산서에는 수익과 비용이 표시된다. 자산은 기업이 보유한 경제적 가치있는 자원이고, 비용은 수익창출을 위한 자원의 유출이다. 쉽게 생각해서 자산은 돈이 되는 것이고 비용은 돈을 벌기 위해 쓴 돈이다. 재무상태표를 검토할 때 첫째로 고려할 요소는 자산으로 표시된 항목이 경제적인 가치가 있는 자원인지의 여부다. 자산이 정말로 돈이 되는지를 생각해보는 것인데 이를 자산성 검토라 한다.

A사의 재무제표에 표시된 매출채권 20억 원을 보자. 이는 회사가 거래처로부터 받을 매출 대금이 20억 원이라는 의미다. 회사가 매출대금을 매출 발생 시점에 수령하지 않고 일정 시점 이후에 받기로 해 반영된 것이다. A사의 매출채권은 해가 거듭될수록 계속 증가해왔다. 회계감사 과정에서 20억 원의 거래 발생 시점을 파악해본 결과 1억 원이 1년을 경과했다. 2억 5,000만 원은 2년이 경과했고, 6억 5,000만 원은 3년을 초과했다. 이처럼 회수기일이 장기간 경과한 채권들은 대부분 언제 발생했는지 파악조차 불가능한 경우도 존재했다. 회사 입장에서 받을 돈인 매출채권 관리가 제대

로 되지 않은 것이다.

## ○ 휴지쪼가리 매출채권이 발생한 세가지 이유

A사가 받아야 할 매출채권이 2~3년이 경과했는데도 관리되지 않은 데에는 몇 가지 이유가 있다.

**첫째, 대표이사가 무관심했기 때문이다.** 여러 케이스를 접하다 보면 대표이사가 영업에만 전념하고 회계에는 무관심한 경우가 있다. 이때 대표이사는 회계부서 담당자에게 회계 관련 임무를 일임한다. 자신은 회계는 잘 모르는 일이라며 회계는 중요한 것이 아니라고 생각하는 대표이사도 의외로 많다. 영업팀은 돈이 되는 팀으로, 회계팀은 지원팀 정도로 여기는 것이다.

**둘째, 회사 내 회계 담당자가 없는 경우다.** 많은 회사에서 영업부서 담당자는 매출 발생에만 전념하고 매출대금 회수는 자신의 소관이 아니라고 생각하는 경우가 많다. 영업팀의 성과지표가 매출로만 반영되어 회계업무를 외부에 맡기는 과정에서 대금회수 여부는 관심 밖의 영역이 되는 것이다.

**셋째, 담당자가 바뀌면서 인수인계가 제대로 되지 않기 때문이다.** 회계감사를 나가보면 많은 회사에서 회계 담당자가 이렇게 말한다.

"제가 입사하기 전부터 달려 있던(재무제표에 반영되어 있던) 금액이라 세부 내용은 저도 알 수가 없어요."

이런 경우 회계감사를 수행하는 회계법인은 매출채권 자산성을 확신할 다른 방도가 없다. 거래 발생 시점부터 원천자료가 관리되지 않거나 담당자 변경으로 후속 담당자에게 인수인계가 되지 않으면 제대로 된 재무제표가 탄생할 수도 없고 회계감사를 무사히 받기도 어렵게 된다. 대표이사의 답은 대부분 정해져 있다.

"받을 수 있는 돈입니다."

## ❓ A사는 재무제표를 어떻게 수정해야 할까?

매출을 발생시키기도 쉽지 않은데 힘들게 창출한 매출 대금까지 제때 회수하지 못한다면 어쩔 수 없지만 이를 재무제표에 반영해야 한다. A사는 매출채권 20억 원 중 10억 원이 회수가 어려울 것으로 판단했다. 그래서 이를 자산이 아닌 비용으로 반영해 재무제표를 아래와 같이 수정해야 한다. 이렇게 함으로써 자산으로 표시된 매출채권이 10억 원 감소하고(①) 비용이 10억 원 증가하게 된다(②).

재무상태표 : 수정 전(단위 : 억 원)

| 자산 | | 부채 | 85 |
|---|---|---|---|
| 매출채권 | 20 | 자본 | 40 |
| 기타자산 | 105 | | |
| 자산합계 | 125 | 부채와자본 합계 | 125 |

재무상태표 : 수정 후 (단위 : 억 원)

| 자산 | | 부채 | 85 |
|---|---|---|---|
| 매출채권 | ①20-10=10 | 자본 | 30 |
| 기타자산 | 105 | | |
| 자산합계 | 115 | 부채와자본 합계 | 115 |

손익계산서 : 수정 전 (단위 : 억 원)

| 영업수익(매출) | 70 |
|---|---|
| 영업비용 | (-) 50 |
| 영업이익 | 20 |
| 영업외손익 | (+/-) 0 |
| 당기순이익 | 20 |

손익계산서 - 수정 후 (단위 : 억 원)

| 영업수익(매출) | 70 |
|---|---|
| 영업비용 | (-) ②50+10=60 |
| 영업이익 | 10 |
| 영업외손익 | (+/-) 0 |
| 당기순이익 | 10 |

이렇게 재무제표를 수정하면 자본 40억 원, 당기순이익 20억 원이었던 회사가 자본 30억 원, 당기순이익 10억 원인 회사로 된다.

## 매출채권이 부실화된 숨은 원인

그런데 앞에서 살펴본 대표이사의 회계에 대한 무관심, 회계 담당자의 부재 및 회계자료 관리 소홀 이외에 더 중요한 원인이 있을 수 있다. 회사 내부적으로 매출 대금 회수 불가능성을 알면서도 재무제표에 반영하지 않는 경우가 그것이다. 회사가 이렇게 하는 이유는 매출채권을 자산이 아닌 비용으로 반영한다면 수정 후 재무제표와 같이 손익계산서상 이익이 감소하기 때문이다.

매출채권을 비용으로 반영해 이익이 감소하거나 손실이 발생할 경우에는 은행으로부터 기존차입금 상환 요청이 들어올 수 있다. 차입금 상환기일 연장이 되지 않거나 신규 차입이 불가능한 경우 등도 있어 이런 방법을 쓰기도 한다.

## ◐ 매출채권 관리, 어떻게 하면 좋을까?

자산은 시간의 경과에 따른 가치 감소에 따라 비용으로 인식된다. 또한 현재 시점에서도 경제적 가치 유무에 따른 가치판단에 따라 비용으로 인식될 수 있다. 이 점을 염두에 두고 재무제표에 인식된 자산 항목에 대한 자산성 검토가 이루어져야 한다.

매출채권 자산성 검토를 위해서는 매출채권 연령분석표를 작성할 필요가 있다. 이는 재무상태표에 표시된 매출채권 금액이 발생시점으로부터 어느 정도의 기간이 지났는지를 보여주는 자료다.

**[외상매출금 연령분석표] : 예시**

| 거래처 | 매출채권 잔액 | 발생일 | ~3개월 미만 | 3개월 이상 ~ 6개월 미만 | 6개월 이상 ~ 9개월 미만 | 9개월 이상 ~ 1년 미만 | ~1년 이상 |
|---|---|---|---|---|---|---|---|
| ㈜A | xxx | 2022.xx.xx | xxx | xxx | xxx | xxx | xxx |
| ㈜B | xxx | 2023.xx.xx | xxx | xxx | xxx | xxx | xxx |
| ㈜C | xxx | 2024.xx.xx | xxx | xxx | xxx | xxx | xxx |

　회사 내부적으로 위 표와 같은 양식을 참조해서 매출채권 연령관리를 하는 것이 바람직하다. 이는 회계감사뿐만 아니라 투자 유치를 위한 재무실사, 기업 인수합병, 기업 상장 등을 진행할 경우 검토대상 1순위가 되는 항목이다. 따라서 회사가 내부적으로 구비해놓아야 한다.

　매출채권이 발생한 후 경과한 기간을 보여주는 연령구간은 회사의 매출 대금 회수정책에 맞게 정하면 된다. 예시를 참조하여 3개월을 기준으로 1년 미만, 1년 이상~2년 미만, 2년 이상 등으로 관리할 수 있다. 통상적으로 매출 발생 후 어느 정도 후에 대금을 회수하게 되는지를 파악하고 외상매출금 회수기일을 관리해야 한다. 만약 회수기일이 늦어지는 거래처가 있다면 추가적인 검토가 필요하다. 해당 업체에 대한 재무제표 검토, 신용등급 파악, 폐업 여부 등 사업자 현황을 파악해서 매출 대금 회수 가능성을 검토해야 한다.

　연령분석표상 회수기일이 오랜 기간 지났다는 이유만으로 회수가 불가능함을 의미하지는 않는다. 최소한 연령분석표를 통해 매출채권에 대한 회수기일을 파악하고 필요한 추가 검토 절차를 통해 매출채권 회수 가능성을 판단하고 재무제표에 정확하게 반영해야 한다.

"매출 대금 거의 절반이 못 받을 돈이었다니…. 몰랐습니다."

A사 대표이사는 회계감사 종료 시점에 당황하며 이렇게 반응했다. 정말 몰랐을까? 그렇다면 이 회사는 10억 원의 손해를 앉아서 본 것이고, 차입금 상환기일이 연장되지 않거나 신규 차입이 불가능한 다른 이유 등으로 편법을 쓴 것이라면 회사는 앞으로의 사활을 걱정해야 할 것이다.

# 3 시한폭탄이 된 해외투자금

A사는 회계감사를 받으며 재무제표에 대한 첫 번째 수정 권고사항을 받아들여 매출채권 20억 원 중 10억 원을 자산이 아닌 비용으로 수정했다. 그 결과 당기순이익이 20억 원에서 10억 원으로 변경되었다.

이 결과를 놓고 대표이사는 안도의 한숨을 쉴 수도 있다. 아직 이익이 10억 원 남았으니 말이다. 회계감사는 아직 끝나지 않았다. A사가 캄보디아 소재 회사에 투자한 25억 원의 회수 여부에 따라 자산과 손익에 변동이 생길 수 있기 때문이다. 회계법인은 다음과 같은 추가 권고사항을 내렸다.

"최초 투자 이후 회수가 없는 캄보디아 투자자금 25억 원에 대해 회수 가능성을 검토하고 사업 미진행으로 인한 원리금 회수 가능성이 낮은 경우 손상차손을 인식해야 합니다."

이는 회계법인 권고사항 중 두 번째 항목이다. 회사가 자산으로 인식한 25억 원 전부가 비용으로 인식될 수도 있는 상황이다.

만약 회사가 자산으로 반영한 25억 원이 비용으로 반영된다면? 이익은 10-25= (-)15억 원이다. 이익 10억 원인 회사가 손실 15억 원인 회사로 탈바꿈한다. 이는 회사에게 치명적인 한 방이 될 수도 있다. 재무제표에 어떤 리스크가 있기에 자산이었던 25억 원이 한 순간에 비용으로 바뀔 수도 있는 것일까?

## ○ 실재성과 회수 가능성이 불확실한 투자자산

A사 재무제표를 다시 들여다보자. 아래 재무제표는 회사가 최초에 제시한 재무제표에 대해 첫 번째 수정 권고사항을 반영한 결과다. 자산 125억 원 중 매출채권이 20억 원이었는데, 회사는 이 중 회수 가능성이 낮다고 판단되는 10억 원을 비용으로 수정했다(①). 매출채권을 제외한 나머지 자산 105억 원 중 25억 원은 투자자산 이었다(②).

재무상태표 : 수정 후(단위 : 억 원)

| 자산 | | 부채 | 85 |
|---|---|---|---|
| 매출채권 | ① 20-10=10 | 자본 | 30 |
| 투자자산 | ② 25 | | |
| 기타자산 | 80 | | |
| 자산합계 | 115 | 부채와 자본 합계 | 115 |

손익계산서 : 수정 후(단위 : 억 원)

| 영업수익(매출) | 70 |
|---|---|
| 영업비용 | (−) ① 50+10=60 |
| 영업이익 | 10 |
| 영업외손익 | (+/−) 0 |
| 당기순이익 | 10 |

회계감사 수행 시 투자자산에 대한 자산성 평가가 이루어진다. 핵심은 회사가 자산으로 인식한 25억 원이 돈이 되는가 여부다. 회사가 어딘가에 투자한 금액이 원금과 수익을 창출해서 회사로 다시 유입될 수 있는지에 대해 검토하는 것이다.

이 경우 투자자산에 대해서는 '자산성' 검토보다 더욱 중요한 사항이 있다. 회사가 투자자산으로 표시한 금액이 실제로 투자자산으로 집행되었는지 여부다. 비용으로 인식되어야 할 항목, 회사 업무와 상관없이 지출한 비용, 대표이사가 개인적으로 가져간 자금, 때로는 존재하지 않는 자산을 투자자산 항목으로 표시하는 회사도 더러 존재하기 때문이다. 이를 자산에 대한 '실재성' 검토라 표현한다.

A사 재무제표에 반영된 투자자산 25억 원에 대한 회계 담당자 설명에 의하면, 회사 자금을 캄보디아에 소재한 회사에 투자하고 해당 회사가 부동산 사업을 통해 수익을 창출하면 원금과 수익금을 돌려받는 방식이라고 설명했다. 하지만 회계법인이 수행한 투자자산의 실재성과 자산성 검토 결과는 만족스럽지 못했다.

먼저 실재성 검토 결과를 위한 해외 회사와의 투자계약서가 없었다. 과거에 돈이 인출된 통장 내역도 확인할 수 없었다. 이 경우 어떤 회사에 어떤 내용으로 투자를 했는지 확인할 수 없을뿐더러 자금이 어떤 성격으로 어디로 유출되었는지 담당자의 설명만으로는 확인이 불가능하다. 이는 투자자산이 실재 존재하는 자산인지부터 확신할 수 없다는 의미다.

다음으로 자산성 검토 결과에 관해 담당자의 추가 설명에 의하면, 투자금은 2년 전에 집행되었고 회수한 수익 또는 원금은 아직까지 없었다. 투자금과 수익을 회수하기까지는 시간이 몇 년 더 소요될 수 있다는 설명이 이어졌다. 아직 회수하지 못한 부분이 문제가 되지는 않는다. 다만 투자한 상대 회사가 어떤 사업을 하는지, 진행 상황은 어떠한지, 예상되는 결과와 그로부터 우리 회사가 받을 것으로 판단되는 원금과 수익은 어느 정도 되는지에 대해서 자세한 자료를 제시하지 못한 것이다.

## ○ 투자금의 실재성과 자산성 검토방법

"저는 이 부분(투자자산)에 대한 자세한 내용은 몰라요. 대표님만 알고 계세요."

회계법인의 추가 질문과 자료 요청에 회계 담당자는 이렇게 말했다. 그런데 이런 답변은 대부분의 회사로부터 실제로 듣게 되는 말이다. 회계 담당자는 대표이사의 지시에 의해 수동적으로 어디론가 돈을 송금하는 역할만을 수행하는 경우가 많다. 회계처리를 위한 세부적인 거래 자료를 대표에게 요청할 입장과 상황이 되지 않을 수도 있다. 그래서 우선은 빠져나간 돈을 투자자산으로 반영하는 것이다.

"지금 사업 잘되고 있어요. 조만간 회수될 예정입니다. 문제없어요!"

대표이사의 답변이 예상했던대로 이어졌다. 그러나 사업이 잘되는 이유는 자신의 마음속에만 존재할 뿐 구체적인 근거를 제시하지 못했다. 이러한 상황에서 회계법인은 회사가 제시한 투자자산 25억 원이 미래에 돈이 될 것이라는 확신을 가질 수 없다. 따라서 자산이 아닌 비용으로 반영해 재무제표를 수정할 것을 회사에 권고하게 된다.

회사는 회계감사, 투자 등을 위한 재무실사 등을 대비해서 투자자산에 대한 실재성과 자산성에 대해 검토하고 결과를 내부적으로 문서화된 형태로 구비해놓아야 한다. 말로는 부족하다. 다음과 같은 근거자료를 문서화해야 한다.

- **투자자산 실재성 검토를 위한 근거 자료**
  - **투자계약서** : 어떤 회사에 어떤 내용으로 투자를 했는지, 원금과 수익은 언제 얼마를 받을 것인지를 알아보기 위함이다. 계약서에는 이 조항이 명확히 들어가 있어야 한다.

- **투자대상 회사의 실체 입증자료** : 투자금을 수령한 상대방이 누군지, 존재하지 않는 유령회사가 아님을 설명할 때 쓰인다. 대상 회사의 사업자등록증, 법인등기부등본, 주주명부를 수령해 놓을 필요가 있다.
- **투자금 출금내역서** : 회사 자금이 언제 누구에게 얼마가 유출되었는지를 입증하는 데 필요하다.
- **투자의사결정을 파악할 수 있는 내부문서** : 회사의 중요한 의사결정은 이사회 또는 주주총회 결의를 통해 이루어진다. 투자 결의를 한 경우 이사회 또는 주주총회 의사록 작성이 필요하다. 또한 회사의 투자 프로세스를 문서화하고 이에 근거해 투자가 진행되어야 한다. 대표이사의 지시만으로 정당화될 수 없다.

### 투자자산 자산성 검토를 위한 근거 자료

- **사업계획서와 사업 진행내역** : 투자와 관련한 사업 세부정보를 알 수 있는 사업계획서와 투자 시점 이후 사업 진행내역을 확인할 수 있는 서류를 정기적으로 요청할 필요가 있다.
- **투자대상 회사 재무제표** : 투자 성과가 반영되는 투자대상 회사 재무제표를 요청해 검토해야 한다. 투자금과 수익 수령 약정기간이 경과하도록 사업 진행이 미진하거나 대상 회사가 지속적인 손실을 기록하고 있다면 투자금 회수 가능성은 낮다고 판단할 수밖에 없다.

## ◐ 시한폭탄이 된 투자자산

만약 투자자산에 대한 실재성과 회수 가능성이 낮다고 판단된다면 재무제표는 다음과 같이 수정되어야 한다. 투자자산은 25억 원이 자산이 아닌 비용으로 반영되어 0원으로 감소하고(②) 증가한 비용으로 인해(③) 당기순이익은 10억 원에서 당기순손실 15억 원(④)으로 수정된다. 참고로 회사의 경영활동은 영업활동과 영업외활동으로 구분되는데, A사의 투자활동은 영업외활동으로서 투자자산에 대해 손상차손 비용으로 인식한 금액은 영업외비용으로 인식된다.

재무상태표 : 첫 번째 수정 후(단위 : 억 원)

| 자산 | | 부채 | 85 |
|---|---|---|---|
| 매출채권 | ① 20-10=10 | 자본 | 30 |
| 투자자산 | 25 | | |
| 기타자산 | 80 | | |
| 자산합계 | 115 | 부채와자본 합계 | 115 |

손익계산서 : 첫 번째 수정 후(단위 : 억 원)

| 영업수익(매출) | 70 |
|---|---|
| 영업비용 | (−) ① 50+10=60 |
| 영업이익 | 10 |
| 영업외손익 | (+/−)　　0 |
| 당기순이익 | 10 |

재무상태표 : 두 번째 수정 가정(단위 : 억 원)

| 자산 | | 부채 | 85 |
|---|---|---|---|
| 매출채권 | ① 20-10=10 | 자본 | 5 |
| 투자자산 | ② 25-25=0 | | |
| 기타자산 | 80 | | |
| 자산합계 | 90 | 부채와자본 합계 | 90 |

손익계산서 : 두 번째 수정 가정(단위 : 억 원)

| 영업수익(매출) | 70 |
|---|---|
| 영업비용 | (-) ① 50+10=60 |
| 영업이익 | 10 |
| 영업외비용 | (-) ③ 0+25=25 |
| 당기순이익(손실) | ④ (-)15 |

회사는 자산 실재성에 대한 회계법인의 권고를 받아들여 투자계약서를 사후적으로나마 구비했다. 투자대상 회사와 구두로 협의되었다고 주장하는 내용을 구체적으로 투자계약서로 작성했다. 캄보디아 소재 회사의 재무제표와 사업계획서를 요청해 수령하기로 했고 사업 진행 과정도 정기적으로 검토할 예정이라 했다.

"아직은 현지 사업 진행 상황을 좀 더 지켜봐야 합니다."

투자금이 수익과 함께 회수되길 바라는 대표이사의 희망과 함께 당해의 회계감사는 마무리됐다. 회사는 해당 회계연도 재무제표에는 상기 수정 권고사항을 반영하지 않기로 했고 회계법인 또한 회사가 보완한 자료 등을 근거로 이를 수용했다. 미래는 알 수 없다. 중요한 것은 현재 시점에서 이용 가능한 모든 자료를 활용해서 자산에 대한 실재성과 자산성에 대한 검토자료를 구비하고 이에 근거한 재무제표를 작성하는 것이다.

이처럼 철저하게 투자대상회사 재무제표를 검토하고 관련 서류를 구비해서 체크한다면 투자금은 회사가 바라는 수익과 함께 회수될 수도 있다. 그러나 만약 반대의 경우라면? 이익을 달성한 것처럼 보이는 회사는 한순간에 손실을 본 회사로 탈바꿈하게 된다.

## ● 여전히 도사리고 있는 위협, 카운트다운은 시작됐다

그런데 여기서 또 하나 주목할 점이 있다. A사 재무제표에 표시된 부채 85억 원 중 60억 원이 금융기관에서 빌린 차입금이라는 부분이다. A사는 회사 운영자금 대부분을 금융기관에서 빌린 자금에 의존하고 있다는 의미다.

회사의 재무와 손익 현황이 악화되는 경우 금융기관은 회사에게 돈을 갚으라고 요구할 수 있고 더 이상 돈을 빌려주지 않을 수 있다. 회사가 다른 방법으로 추가 자금을 조달하기 어렵다면 더 이상 생존하기 어려운 상황에 직면한다. 투자금 회수가 불가능할 경우 시한폭탄이 되어 터져버릴 수도 있는 것이다.

　여기서 끝이 아니다. 그다음 연도에 회계감사를 받을 경우 동일한 이슈와 검토가 진행될 것이고 투자자산 회수 가능성이 낮다면 이를 자산이 아닌 비용으로 반영해야 한다. 투자금 회수약정 기간은 다가오고 있다. 카운트다운이 시작된 것이다.

# 4. 주식투자에 잠재된 위험

　소프트웨어 개발 및 공급업을 영위하는 B사는 회사 여유자금을 다른 회사 주식을 매입해 보유하는 데 투자했다. 자금을 투자하고 원금과 이자를 수령하는 형식의 투자를 한 A사와 달리 회사 자금을 다른 회사 주식을 매입하는 형식으로 투자하는 경우도 있다. 개인이 주식투자를 하듯 여유자금 운용을 통한 시세차익을 목적으로 하기도 하고, 다른 회사에 영향력을 행사하거나 지배력을 확보하기 위해 지분을 보유하기도 한다.

　한 회사가 다른 회사 주식에 투자할 경우 재무제표에는 어떤 형식으로 표시되고 해당 재무제표가 회계감사 등을 받게 될 경우 잠재된 위험은 어떤 것이 있는지 살펴보자.

## ◐ 다른 회사 지분을 보유할 경우 재무제표에 표시되는 형태

B사의 재무제표를 살펴보자.

**재무제표**(B사) (단위 : 억 원)

| 재무상태표 | | 손익계산서 | |
|---|---|---|---|
| 투자자산 | | 매출 | 250 |
| 매도가능증권 | 50 | (−)영업비용 | 230 |
| 관계기업주식 | 20 | 영업이익 | 20 |
| 종속기업주식 | 80 | (+)영업외수익 | 0 |
| 투자자산합계 | 150 | (−)영업외비용 | 0 |
| 기타자산 | 300 | 당기순이익 | 20 |
| 자산합계 | 450 | | |

B사는 다른 회사 주식을 매입해 지분율을 보유하고 있다. B사가 보유한 상대 회사 지분율이 20% 이상인 경우 재무제표에 '관계기업주식'으로 표시한다. 관계기업은 해당 회사에게 어느 정도의 영향력을 줄 수 있다는 의미로, 회계기준에서는 '유의적인 영향력'이라 표현한다. B사가 보유한 회사 지분율이 50% 이상일 경우에는 재무제표에 '종속기업주식'이라 표시한다. 한 회사가 다른 회사의 지분율을 절반 이상 가지고 있다면 그 기업을 지배한다고 할 수 있고 '지배력'을 보유한다고 표현한다. 매도가능증권은 관계기업주식 또는 종속기업주식에 해당하지 않는 경우로 이해하면 된다.

## ○ 자산성 평가는 계속되어야 한다

B사가 다른 회사 지분율을 보유하는 이유는 동종산업 내 기업과 통합 또는 새로운 시장진출을 위한 다각화 전략 등의 요인이 있다.

B사가 다른 회사 지분을 보유하면 B사는 상대 회사의 주식가치를 가지게 되므로 지분매입을 위해 투자한 금액을 재무제표에 투자자산 항목으로 표시한다. 이 경우 앞에서 본 것처럼 투자자산에 대한 자산성 검토가 이루어져야 한다. 이때 핵심은 자산으로 기재된 투자자산이 표시된 금액만큼 가치가 있는지 여부를 평가하는 것이다.

B사 재무제표 회계감사를 담당한 회계법인이 발견한 주요사항은 다음과 같다.

B사가 매도가능증권으로 기재한 50억 원 중 20억 원은 a기업 주식에 투자한 것이다. a기업은 수상요트 사업을 영위하는 회사로, 당시 이 업종이 유망하다는 판단하에 B사 대표이사만의 의사결정으로 투자가 집행되었다. 20억 원 투자에 대한 적절한 내부 투자의사결정 과정이 없었던 것이다. 대표이사의 결정을 견제할 만한 내부 프로세스가 미비되었다는 의미다.

투자할 당시 a기업 재무 현황과 미래 수익성에 대한 최소한의 검토도 이루어지지 않았다. 회계팀 담당자는 대표이사의 지시대로 했을 뿐이라고 했고, 대표이사는 조만간 a기업이 대박이 나서 투자금 20억 원 이상의 주식 가치를 실현시킬 수 있을 것이라 했다. 하지만 기대와 달리 a기업은 수년째 손실을 기록했고 누적된 손실은 계속 커져만 갔다.

　두 번째, 매도가능증권으로 기재한 50억 원 중 5억 원에 해당하는 b기업 주식, 관계기업주식으로 표시된 c기업 주식 20억 원 전액, 종속기업주식 80억 원 중 20억 원에 해당되는 d기업 또한 지속된 손실과 누적결손으로 투자자산 금액만큼의 자산가치가 없는 것으로 판단되었다.

### Q 진실한 재무제표를 위한 투자자산에 대한 준비사항

　회계법인은 B사가 투자자산으로 기재한 상기 주식에 대해 '손상차손'을 비용으로 반영할 것을 권고했고 회사도 이를 수용해서 재무제표를 수정했다.

　다음에 있는 표를 보면, 투자자산에 대한 재무제표 수정으로 투자자산은 65억 원이 감소하고(①) 비용이 65억 원이 증가했다(②). B사는 소프트웨어 개발 공급 회사로서 타 회사 주식취득은 영업목적 외의 활동으로 투자자산에 대한 손상차손 비용 인식액은 영업외비용으로 반영된다. 투자자산에 대한 손상차손 인식으로 당기순이익 20억 원이 당기순손실 45억 원으로 바뀌게 되었다. 이처럼 자산으로 인식한 투자자산은 가치하락으로 인한 위험이 내재되어 있다.

[회계감사 권고사항으로 인한 재무제표 수정] (단위 : 억 원)

| 재무상태표 : 수정 전 | | 수정 | 수정 후 |
|---|---|---|---|
| 투자자산 | | | |
| 매도가능증권 | 50 | (−)25 | 25 |
| 관계기업주식 | 20 | (−)20 | 0 |
| 종속기업주식 | 80 | (−)20 | 60 |
| 투자자산 합계 | 150 | ① (−)65 | 85 |
| 기타자산 | 300 | | 300 |
| 자산합계 | 450 | | 385 |

| 손익계산서 : 수정전 | | 수정 | 수정 후 |
|---|---|---|---|
| 매출 | 250 | | 250 |
| (−)영업비용 | 230 | | 230 |
| 영업이익 | 20 | | 20 |
| (+)영업외수익 | 0 | | 0 |
| (−)영업외비용 | 0 | ② 65 | 65 |
| 당기순이익(손실) | 20 | | (45) |

회사가 타 회사 주식을 취득할 경우 재무제표 작성과 회계감사 등을 위해 준비할 사항은 다음과 같다. 자산의 실재성과 자산성 검토를 위한 자료들이다.

- 주식매매계약서
- 투자대상 회사 법인등기부등본, 사업자등록증, 주주명부
- 투자대상 회사에 대한 재무제표 및 회계감사보고서

- 투자대상 회사에 대한 외부신용평가기관의 신용평가 보고서
- 투자대상 회사에 대한 외부전문평가기관의 기업가치평가 보고서

다른 회사 주식을 취득한 경우 투자가 적법한 투자 계약에 의해 이루어졌고 투자자산으로 인식한 금액이 자산가치가 있을지에 대한 여부를 판단해야 한다. 주식시장에서 형성되는 주가가 있는 상장회사와 달리 투자 대상 회사가 비상장회사인 경우에는 주식가치 평가에 제약이 따른다. 이러한 경우 회사의 재무제표를 기본으로 손익과 재무현황을 검토해야 한다. 해당 재무제표의 적정성을 판단하기 위해서는 일반적으로 감사보고서를 필요로 한다. 신용평가기관의 신용평가 보고서를 통해 신용등급 하락 등 주식 가치 하락 위험이 없는지도 검토해야 한다. 또한 회사가 투자자산으로 인식한 금액이 상대적으로 중요하다고 판단되는 경우에는 투자대상 회사에 대한 주식 가치 평가보고서가 필요한 경우도 있다.

이러한 절차는 매년 수행되어야 한다. 검토 결과에 따라 자산으로 표시된 투자자산은 언제든 비용으로 바뀔 수 있음을 명심해야 한다.

# 5 폭탄은 정말 터진다
## : 매출채권과 유동성 위험

반도체장비 제조업을 영위하는 C사의 20××년 감사보고서에는 아래와 같은 문구가 기재되어 있었다.

> **의견거절 근거**
>
> 회사의 재무제표는 회사가 계속기업으로서 존속한다는 가정을 전제로 작성되었으므로 회사의 자산과 부채가 정상적인 사업활동 과정을 통하여 회수되거나 상환될 수 있다는 가정 하에 회계처리 되었습니다. 그러나 회사는 20XX년 12월 31일로 종료되는 회계연도에 영업손실이 155억원이며 당기순손실이 160억원입니다. 그리고 유동부채가 유동자산을 75억 원 초과하고 있으며 총부채가 총자산을 60억원 초과하고 있습니다. 이러한 상황은 회사의 계속기업으로의 존속능력에 대하여 유의적인 의문을 초래합니다.

> **의견거절**
>
> 우리는 의견거절 근거문단에서 기술된 사항의 유의성으로 인하여 감사의견의 근거가 되는 충분하고 적합한 감사증거를 입수할 수 없었습니다. 따라서 우리는 회사의 재무제표에 대하여 의견을 표명하지 않습니다.

　의견거절이라는 문구로 보아 C사 재무제표에 무언가 문제가 있을 것으로 생각된다. 회사가 감사보고서에 의견거절을 받게 된다면 상장회사는 상장폐지 사유에 해당하고, 비상장회사는 영업상 입찰이 제한되거나 금융기관 차입이 어려워지는 등 기업 존폐 위기에 처하게 된다. C사 재무제표는 어떻게 작성되어 있었고 회계법인이 감사보고서에 의견거절을 표시한 이유는 무엇일까? 또한 의견거절로 인해 C사는 어떤 영향을 받게 될까?

## ● 회계감사를 통해 수정된 재무제표

　C사가 회계감사를 받기 위해 회계법인에게 제출한 재무제표와 회계법인 수정권고를 반영해 수정한 재무제표는 아래 표와 같다.

　회계법인이 주목한 부분은 재무상태표에 기재된 매출채권 160억 원이다. 자산총계 200억 원 중 80%로 높은 비중을 차지한다. 그런데 매출채권에 대한 자산성 검토 결과 160억 원 중 무려 110억 원이 회수가 어려울 것으로 판단되었다.

**재무상태표 : 수정 전**(단위 : 억 원)

| 유동자산 | 165 | 유동부채 | 130 |
|---|---|---|---|
| 매출채권 | 160 | 비유동부채 | 20 |
| 기타자산 | 5 | 부채합계 | 150 |
| 비유동자산 | 35 | | |
| 자산합계 | 200 | 자본합계 | 50 |

**손익계산서 : 수정 전**(단위 : 억 원)

| 영업수익(매출) | 120 |
|---|---|
| 영업비용 | (−) 165 |
| 영업이익(손실) | (45) |
| 영업외비용 | (−) 5 |
| 당기순이익(손실) | (50) |

　C사는 중소기업으로서 하도급 계약 과정에서 대금회수에 불리한 입장에 처했고 일부 해외거래처로부터 회수하지 못한 외상대금이 수년동안 쌓여온 것이다. 회계법인은 회사가 자산으로 기재한 매출채권 160억 원 중 110억 원을 자산이 아닌 비용으로 반영할 것을 권고했고 회사는 이를 수용해서 재무제표를 수정했다. 그 결과 매출채권은 110억 원이 감소하고(①) 동일한 금액의 비용(매출채권 대손상각비)이 손익계산서에 추가로 반영되었다(②).

재무상태표 : 수정 후(단위 : 억 원)

| | | | |
|---|---|---|---|
| 유동자산 | 55 | 유동부채 | 130 |
| 매출채권 | ① 160-110=50 | 비유동부채 | 20 |
| 기타자산 | 5 | 부채합계 | 150 |
| 비유동자산 | 35 | | |
| 자산합계 | 90 | 자본합계 | (60) |

손익계산서 : 수정 후(단위 : 억 원)

| | |
|---|---|
| 영업수익(매출) | 120 |
| 영업비용 | (-) ② 165+110=275 |
| 영업이익(손실) | ③ (155) |
| 영업외비용 | (-) 5 |
| 당기순이익(손실) | ④ (160) |

## ○ 터져버린 폭탄

이러한 재무제표 수정사항으로 인한 효과는 폭탄에 가깝다. 자산에 잠재된 뇌관이 발화되어 비용 폭탄이 터진 것이다. 이로 인한 결과를 회계법인의 의견거절 근거와 함께 살펴보자.

### • 영업손실과 당기순손실 증가

회사가 최초 제시한 손익계산서상의 영업손실은 45억 원, 당기순손실은 50억 원이었다. 회계감사 수정사항으로 인해 비용이 110억 원 증가했으므로, 수정된 재무제표상의 영업손실은 155억 원(③), 당기순손실은 160억 원(④)으로 변경되었다. 회사가 최초 손실을 기록한 점을 감안하더라도 수정사항으로 인한 손실폭 증가는 외부인이 판단할 경우 중요한 수준이었다. 이 점이 회계법인이 감사보고서에 아래와 같이 기재한 의견거절 첫 번째 이유다.

"회사는 20××년 12월 31일로 종료되는 회계연도에 영업손실이 155억 원이며 당기순손실이 160억 원입니다."

### • 유동성 위험 증가

먼저 재무상태표에 기재된 유동자산과 유동부채 부분을 보자. 유동자산은 1년 이내에 현금화가 가능한 자산이고 유동부채는 1년 이내에 갚아야 할 부채다. 수정 전 유동자산은 165억 원으로 유동부채 130억 원보다 35억 원 많았지만 재무제표 수정으로 유동자산이 55억 원으로 변경됐다.

이 결과 회사가 1년 이내 갚아야 할 돈 유동부채 130억 원에 비해 1년 이내 현금화가 가능한 유동자산은 55억 원 수준으로 절반에도 못 미치는 수치를 나타낸다. 회사의 유동자산 165억 원의 대부분은 매출채권 160억 원으로 구성되어 있었는데 110억 원은 회수가 어려울 것으로 판단되므로 나머지 매출채권 50억 원을 모두 회수한다고 해도 유동부채를 갚기 위해 필요한 자금이 부족하다는 의미다. 이를 유동성 위험이 증가한다고 표현한다.

| 구 분 | 최초 | 수정 후 | 비고 |
|---|---|---|---|
| 유동자산 | 165 | 165-110=55 | 1년 이내 현금화 가능한 자산 |
| 유동부채 | 130 | 130 | 1년 이내 갚아야 할 돈 |
| 차이 | 35 | (75) | |

다음으로 총자산과 총부채를 비교해보자. 자산은 회사의 전체 재산, 부채는 남에게 갚아야 할 돈, 자본은 자산에서 부채를 차감한 순재산을 의미한다. C사의 최초 재무제표에 표시된 자산은 200억 원, 부채는 150억 원으로 순재산(자본)은 자산에서 부채를 차감한 50억 원이었다. 재무제표 수정으로 인해 자산으로 기재된 매출채권 110억 원이 감소했으므로 자산은 90억 원으로 변경되었고 자본은 자산 90억 원에서 부채 150억 원을 차감한 (-)60억 원으로 수정된다. 순재산 50억 원인 회사가 가진 것 없이 오히려 갚아야 할 부채가 60억 원이나 더 많은 회사로 탈바꿈하는 순간이다.

| 구 분 | 최초 | 수정 후 | 비고 |
|---|---|---|---|
| 자산 | 200 | 200-110=90 | 회사의 전체 재산 |
| (-)부채 | 150 | 150 | 남에게 갚아야 할 돈 |
| 자본 | 50 | (60) | 회사의 순재산 |

회계법인은 유동자산과 유동부채를 비교했더니 높은 유동성 위험이 존재해 회사 운영을 위한 자금조달이 어려울 것으로 판단했

다. 그리고 총자산과 부채를 비교하니 회사가 갚아야 할 부채가 더욱 많은 상황을 고려해 회사가 더 이상 생존하기 어려울 수도 있다고 판단한 것이다. 이와 같은 사실이 회계법인이 아래와 같이 감사의견 거절을 표명한 두 번째 이유다.

"유동부채가 유동자산을 75억 원 초과하고 있으며 총부채가 총자산을 60억 원 초과하고 있습니다. 이러한 상황은 회사의 계속기업으로의 존속능력에 대해 유의적인 의문을 초래합니다."

## ○ 폭탄이 터지고 난 후

C사는 결국 부도가 났고 파산했다. 의견거절이 표시된 감사보고서로 인해 더 이상 금융기관으로부터 기존 차입금 상환기일을 연장하지 못했고 추가 자금조달 또한 불가능했기 때문이다. 지속적인 영업손실로 운영자금을 스스로 창출하지 못하는 상황에서 외부 자금조달 또한 어려워져서 기존 차입금을 갚지 못했을 뿐만 아니라 더 이상 생존할 수 없었다.

그런데 이런 상황은 수년 전부터 예상되어 온 결과일 수도 있다. 자산으로 기재된 매출채권은 오랜 기간 동안 부실화되어 폭탄의 뇌관이 조금씩 점화되고 있었고 회사 운영을 차입금에 의존해 오던 회사로서는 폭탄이 터질 시기가 임박해왔던 것이다.

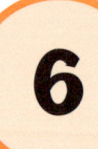

# 6 종속기업투자주식이라는 연쇄폭탄

    C사는 20××년 재무제표에 대한 감사보고서에서 의견거절을 받았다. 누적된 매출채권 부실과 영업손실로 인한 자금난으로 기존 차입금을 갚지 못하고 의견거절이 기재된 감사보고서로 인해 금융기관으로부터 더 이상 자금을 조달할 수 없었다. 이러한 C사는 법원에 회생신청을 했지만 결국 파산하고 말았다.

    한편 AI로봇 제조업을 영위하는 D사는 C사에게 자금을 투자하고 C사 주식 70%를 보유하고 있다. 그런데 D사의 20××년 감사보고서에도 의견거절이 표시되었고 그 결과 D사 또한 법원에 기업회생을 신청하게 되었다. 이러한 과정에는 C사의 몇 가지 사항이 영향을 끼쳤다. 마치 C사의 파산이라는 폭탄이 D사가 보유한 C사의 주식이라는 뇌관을 통해 연쇄 폭발을 일으킨 상황이다.

    D사의 회계감사를 담당한 회계법인이 감사보고서에 의견거절

을 표명한 이유는 무엇일까? 그것이 어떻게 연쇄 폭탄으로 작용했을까?

## 자금난에 처한 종속기업 자금투자 75억 원
: 회수가능성은 0원

D사는 C사에게 4년 전부터 자금 75억 원을 투자하고 C사 주식 70%를 보유하고 있다. D사는 자금난에 처해 있는 C사에게 자금을 지원하고 대가로 C사 주식을 받은 것이다. 앞서 말한 것처럼 한 회사가 상대방 회사 주식 지분의 50%를 초과해서 보유하면 상대 회사를 지배할 수 있다고 보아 상대 회사를 종속기업이라고 표현한다. C사 주식은 D사 재무제표에 '종속기업투자주식'이라는 자산 항목으로 분류된다. D사는 C사의 주식 가치를 보유하기 때문이다.

[종속기업 투자주식에 대한 자산성 검토]

회계법인은 D사 재무제표에 자산으로 기재된 C사 주식 75억 원이 자산성이 없다고 판단해 비용으로 수정 반영할 것을 회사에 권고했다. C사가 회계감사 결과 자본이 (-)로 수정되고 영업손실이 확대되어 C사 주식의 자산가치가 없다고 판단했기 때문이다. 이 결과 D사 손익계산서에는 비용이 75억 원이 추가되어 최초 당기순이익 50억 원에서 당기순손실 25억 원으로 수정되었다.

당기순손실이 발생했다는 이유만으로 감사의견에 영향을 미치지는 않는다. 자산으로 기재되었던 투자주식 75억 원을 비용으로 수정한 이후에도 D사 자산에서 부채를 차감한 자본은 30억 원 수준을 유지했다. 또한 D사가 1년 이내 현금화할 수 있는 유동자산은 30억 원으로 1년 이내 갚아야 할 유동부채 20억 원보다 큰 금액이었고 D사는 과거 일정 수준의 영업이익을 달성해오고 있었다. 투자주식을 비용으로 반영한 재무제표 수정은 당해에만 발생한 것으로 다음 연도부터 영업이익이 예상되고 차입금 상환과 회사 운영을 위한 자금조달에 어려움도 없었다.

### ○ 연쇄 폭탄이 터진 결정적인 이유 : 대출금 보증, 담보제공

D사는 재무제표 수정으로 당해 당기순손실이 발생했지만 당기 이후 자체적으로 생존하기에 어려움이 없었음에도 감사보고서에 의견거절을 받고 기업회생을 신청한 중요한 이유는 무엇일까? 여기에는 C사와 D사의 관계를 살펴볼 필요가 있다. C사와 D사 대표이사는 동일인이었다. 대표이사 입장에서 C사와 D사는 모두 하나의 회사로 생각되어 C사가 부도나는 것을 지켜볼 수 없었다. 손익

현황이 양호하던 D사는 마치 밑 빠진 독에 물 붓기와 같이 회수가 어려워지는 상황에서도 지속적으로 D사 자금을 C사로 지원한 것이다. 여기서 한 걸음 더 나아간다. D사 감사보고서에 기재된 아래의 내용을 주목해보자.

당기말 현재 당사가 특수관계자의 자금조달 등을 위하여 제공하고 있는 지급보증의 내역은 다음과 같습니다.

| 특수관계 구분 | 제공받은 자 | 보증/담보내역 | 보증/담보금액 | 보증처 |
| --- | --- | --- | --- | --- |
| 종속기업 | C사 | 대출금 연대보증 | 200억 원 | XX은행 |

이 내용에서 알 수 있듯이 D사는 C사 대출금에 대해 금융기관에 보증을 제공했다. C사가 은행에서 빌린 대출금을 갚지 못할 경우 D사가 200억 원까지 대신 갚아야 한다는 의미다. 회계법인은 이 점을 주목했다. C사가 은행에 갚아야 할 차입금은 100억 원 수준이었고 C사의 손익과 자금조달 현황을 고려했을 때 C사는 상환할 능력이 없다고 판단했다.

이 경우 이 금액을 D사가 모두 부담해야 한다. D사의 순자산 30억 원, 미래 예상되는 영업이익 5억 원 수준을 고려할 때 D사가 100억 원을 미래에 부담하기에는 어려울 것으로, 즉 D사 또한 기업으로서 생존할 수 없을지도 모를 불확실성이 있다고 판단한 것이다. 이러한 내용이 다음에 나와 있는 것처럼 D사 감사보고서 결과로 기재된 것이다.

**의견거절 근거**

　20XX년 12월 31일로 종료되는 보고기간에 종속기업인 C기업은 당기순손실이 160억 원이 발생하였고 유동부채가 유동자산보다 75억 원만큼 초과합니다. 이는 C사의 계속기업 가정에 중요한 불확실성을 나타내고 있으며 회사는 종속기업인 C사에 대해서 지급보증 및 담보를 제공하고 있습니다. 또한 회사는 20XX년 3월 30일에 법원에 법인회생 신청을 하였습니다. 이러한 상황은 회사의 계속기업으로의 존속능력에 대한 중요한 불확실성을 내포하고 있습니다.

**의견거절**

　우리는 의견거절근거문단에서 기술된 사항의 유의성으로 인하여 감사의견의 근거가 되는 충분하고 적합한 감사증거를 입수할 수 없었습니다. 따라서 우리는 회사의 재무제표에 대하여 의견을 표명하지 않습니다.

## 폭탄이 터지고 난 후

　D사 또한 C사와 같이 감사보고서 의견거절을 받고 기업회생을 신청했다. C사에 대한 자금투자와 대출금에 대한 지급보증으로 인

해 기업 존폐 위기에 처한 것이다. 파산으로 기업의 생을 마감한 C사와 달리 D사는 기업회생인가 결정이 되어 몇 년 후 성공적으로 기업회생을 종료했다. 기사회생한 것이다. 이 과정에서 D사는 임직원 감축, 보유 중이던 토지와 건물 매각 등 자구책을 통한 희생을 감수해야 했다. 새롭게 시작하는 D사의 재무제표는 앞으로 어떤 기록을 채워나갈 것인가……. 복식부기는 계속된다.

# 10초 만에 이익을 부풀리는 재고자산 비법

    기능성 스포츠웨어 제조업을 영위하는 E사 대표이사는 고민에 빠졌다. 올해 결산 결과 당기순손실이 발생했기 때문이다. E사는 설립 5년 차로 지난해까지 지속적인 당기순이익을 실현해왔다. 취득한 특허가 10여 개에 이르고 경쟁사 대비 뛰어난 디자인과 기능성을 앞세운 품질력으로 경쟁력을 갖추었다. 국내외 유명 스포츠 구단에 협찬과 홍보로 성장을 거듭해오고 있던 상황이었다. 그런데 대기업 유명 브랜드가 유사 제품을 출시하면서 시장점유율을 일부 내주게 됐고 매출 부진이 이어지면서 이익을 달성하지 못했다.

## ○ 이해관계자들의 재무제표와 감사보고서 요청

    E사는 영업 성적표인 재무제표를 투자자들과 금융기관 등 이해

관계자에게 제출해야 하는 상황이다. E사에게 자금을 투자한 투자자와 돈을 빌려준 금융기관은 감사보고서를 요청했다. E사처럼 아직 법정감사 대상이 되지 않지만 이처럼 정보이용자 요구 등에 의해 회계감사를 받아야 하는 경우가 있다. 이를 임의감사라 표현한다.

금융기관에서 빌린 차입금이 30억 원 수준임을 고려할 때 손실이 난 재무제표를 은행에 제출한다면 은행이 기존 차입금을 갚으라고 요구할 수도 있고 더 이상 돈을 빌려주지 않을 수도 있다는 생각에 대표이사는 걱정이 앞섰다. 투자자들로부터 조달한 자금 20억 원은 더욱 부담스럽다. 이는 상환전환우선주라는 형태로 투자받은 것이어서 투자자들이 해당 금액을 갚으라고 회사에 요구할 수도 있기 때문이다.

만약 그런 상황이 발생한다면 회사는 자금 위기에 처하게 된다. 현재 100억 원 이상의 매출을 달성하고 있지만, 매출 달성에 필요한 영업 비용을 차감하고 나면 이익은 3억~5억 원 수준으로 차입금 30억 원과 투자자금 20억 원을 갚을 자금은 턱없이 부족하기 때문이다. E사는 위기를 어떻게 넘길 수 있을까?

## ○ 손실을 이익으로 바꾸는 비법을 찾아라

E사는 결산을 한 결과 당기순손실 20억 원이 발생했다. 작년까지 5억 원 정도의 이익을 달성해온 점을 감안하면 좋지 않은 성적이다. 우선적인 목표는 손실을 이익으로 바꾸는 것이다. 손실 20

억 원을 이익으로 변경하는 방법에는 무엇이 있을까? 답은 복식부기 방법론에 근거한 재무제표를 예쁘게 보이게 하는 3대 비법에 있다.

대표이사는 책에서 봤던 재무제표를 예쁘게 보이게 하는 3대 비법을 떠올렸다. 그중에서도 가장 많이 이용되는 방법, 비용을 자산으로 반영하는 비법을 사용해보기로 했다. 복식부기 차변에 기록해야 할 비용 대신 자산을 기록하는 것이다.

### ○ 손실을 이익으로 바꾸는 신의 한 수 : 재고자산

E사는 원재료를 매입해서 제품을 만들어 판매하는 제조업을 영위한다. 자산총계 90억 원에서 재고자산으로 분류된 제품이 18억 원을 차지했다. 회사는 제품에 비법을 적용하기로 했다.

재고자산은 회사가 정상적인 영업 과정에서 판매 또는 생산을 위해 보유하고 있거나 생산 중인 자산을 의미한다. 제조를 위해 구입한 원재료, 제조 과정이 완료된 제품, 판매를 위해 구입한 상품 등이 있다. 재고자산은 판매를 통해 경제적 자원을 창출하므로 자산으로 분류된다. 자산으로 기재된 재고자산은 판매를 통해 수익을 발생시키고 매출원가라는 비용이 된다.

[재고자산과 매출원가] (단위 : 원)

| 구분 | | 상황1 | | 상황2 | | 비고 |
|---|---|---|---|---|---|---|
| 기초제품 | ① 400 | 판매 | ④ 700 | 판매 | ⑥ 400 | 매출원가(손익계산서) |
| 당기 제조 | ② 600 | 기말제품 | ③ 300 | 기말제품 | ⑤ 600 | 재고자산(재무상태표) |
| 합 계 | 1,000 | 합 계 | 1,000 | | 1,000 | |
| | | ⇒ 기말재고자산이 커지면(작아지면) 매출원가(비용)는 작아진다(커진다). | | | | |

 기말 재고자산과 매출원가의 관계를 살펴보자. 회사가 기초에 제품 400원(①)을 보유한 상태에서 당기에 제품 600원(②)을 만들었다면 판매 가능 제품은 이들의 합계 1,000원이다. 이 중 기말에 300원(③)이 남아 있다면 나머지 700원(④)은 팔린 것이다. 이때 300원은 자산인 제품으로 재무상태표에 기록되고 700원은 비용인 매출원가로 손익계산서에 반영된다. 만약 판매가능 제품 1,000원 중 기말에 제품이 600원(⑤)이 남아 있다면? 판매된 매출원가는 400원(⑥)이다. 결국 자산인 기말 제품이 커지면 비용인 매출원가는 작아져서 이익은 커진다.

 E사에 비법을 적용해보자. 목표는 손실 20억 원을 이익 2억 원으로 만드는 것이다. 과거 이익 5억 원 수준에서 대기업 경쟁자로 인한 이익 감소를 고려해서 목표 이익을 2억 원으로 정했다. 손실 20억 원이 이익 2억 원이 되기 위해서는 수익이 22억 원 증가하거나 비용이 22억 원 감소하면 된다. 회사는 재고자산인 제품을 이용해 자산을 늘리고 비용인 매출원가를 줄이기로 했다. 다음 표와 같은 분개 하나만 추가하면 된다. 10초면 충분하다.

| 왼쪽(차변) | | 오른쪽(대변) | |
|---|---|---|---|
| 제품(재고자산) | 22억 원 | 매출원가(비용) | 22억 원 |
| ⇨ 자산 증가 | | ⇨ 비용 감소 | |

　이러한 회계처리를 반영한 결과 재무상태표 자산에 있던 제품은 18억 원에서 22억 원 증가한 40억 원이 되었고 손익계산서 비용 항목인 매출원가가 22억 원 감소하여 당기순손실 20억 원에서 당기순이익 2억 원으로 변경되었다. 비용으로 반영되어야 할 매출원가를 자산인 재고자산으로 반영한 비법의 결과다. 기말 재고자산을 실제보다 과다한 금액으로 반영하고 동 금액만큼 비용을 줄인 것이다. 회사는 목표를 달성했다.

## Q E사 재무제표의 운명은 어떻게 될 것인가

　E사는 이와 같은 과정을 통해 손실이 이익으로 변경된 재무제표를 회계감사를 위해 회계법인에게 제출할 예정이다. 대표이사는 목표를 달성했지만 고민은 지금부터 시작이다. 회사가 적용한 비법은 정당한 회계처리가 아니기 때문이다. 회사가 제시한 재무제표에 대해 회계법인이 감사절차를 통해 부정한 회계 비법을 찾아낼 수 있을지가 걱정이 된다.

　회계감사를 통해 회사의 부정한 비법이 밝혀지지 않을 수도 있다. 회계법인은 재고자산에 대해 다음과 같은 몇 가지 절차를 수행하지만 회계감사 절차에 있어 현실적인 제약이 존재하기 때문이다.

### • 재고자산 실사

회사가 수불부(受拂簿, 물건의 입출고 내역을 정리한 서식)상 제시하는 기말 재고자산에 대해 실제로 수량을 확인하는 절차를 수행한다. 하지만 재고자산 확인은 전체 재고자산 중 일부만을 확인하는 샘플링 방법으로 진행된다. 재고자산 실사를 수행하는 인원과 시간도 E사가 제시한 40억 원에 해당하는 제품을 모두 확인하기에는 부족한 수준이다. 품목 수는 수백 가지에 수량은 수만 개 정도에 이르기 때문이다. 게다가 재고자산이 수량을 파악하기 쉽도록 한 곳에 가지런히 정리되어 있지 않은 경우도 많다.

### • 재고자산 수불부 검토

수불부는 회사에서 물건을 들여오거나 외부로 판매할 경우 수량의 변동 사항이 생기게 되는데 이를 적은 장부라 할 수 있다. 재고자산에 대해서는 기초와 당기 변동 및 기말재고 내역을 알 수 있는 재고자산 수불부 검토가 이루어진다. 재고자산이 존재하는 회사는 아래와 같은 양식의 재고자산 수불부를 구비할 필요가 있다.

회사는 내부적으로 재고자산 수불부를 작성해 당기 입출고 및 기말 재고자산 수량 및 금액을 파악하고 당기 입출고가 없는 항목에 대해서는 미래 판매 가능성, 판매가격 하락 가능성을 검토해야 한다. 검토 내역은 객관적으로 문서화해 보관할 필요가 있다.

### 재고자산 수불부(예시)

| 품목 | ①기초 | | | ②당기입고 | | | ③당기출고 | | | ④기말= ①+②-③ | | |
|---|---|---|---|---|---|---|---|---|---|---|---|---|
| | 수량 | 단가 | 금액 | 수량 | 단가 | 금액 | 수량 | 단가 | 금액 | 수량 | 단가 | 금액 |
| | | | | | | | | | | | | |
| | | | | | | | | | | | | |

 기존 회계 프로그램에는 재고자산 수불부 기능이 없어 별도의 재고자산 관리 프로그램을 사용하는 회사도 있다. 일부 회사들은 엑셀 프로그램이나 수기 장부로 재고자산 수불부를 대체하기도 한다. 그러나 아예 이마저도 없는 회사는 장부와 현물의 일치 여부를 확인할 수가 없는 경우도 있다.

- **당기입고 및 당기출고(판매) 분에 대한 거래서류 검토**

 수불부의 적정성 검토를 위해 재고자산의 당기 입출고 변동거래에 대한 거래서류를 확인한다. 이 또한 몇 가지 샘플 거래에 한정되므로 모든 거래내역을 확인할 수가 없다. 임의감사의 경우 회계감사를 수행하는 기간이 하루 이틀에 불과한 경우도 있다. 따라서 E사와 같이 수불부상 기말 재고 수량을 실재보다 과다하게 작성해 제시한다 해도 회계감사를 통해 이를 모두 밝혀낼 수 있는 것은 아니다.

## ○ 회계감사의 본질적 한계

　법정감사에 비해 임의감사는 회계감사의 강도가 조금 약하다고 이해할 수 있겠다. 임의감사는 업무의 성격에 따라 비교적 적은 인원과 시간이 투입되는 경우도 있고, 회계감사 절차의 한계로 인해 회사가 부적절하게 작성하고 제시한 재무제표 오류를 모두 찾아낼 수는 없기 때문이다. 또한 회계법인은 감사보고서 결과가 감사보고서를 이용하는 정보이용자와 회사에게 미칠 영향 등 현실적인 상황 등을 종합적으로 고려해야 하는 상황에 놓이게 된다.

　E사 대표이사는 자신이 보았던 책을 다시 한번 떠올려보고 깨달아야 할 점이 있다. 재고자산 시한폭탄 카운트다운이 시작된 것을 말이다. 올해 증가시킨 재고자산 금액은 미래에 언젠가는 비용으로 반영되어야 한다. 재무제표 작성 책임은 회사에 있다는 사실과 함께.

## 8 회계이슈 단골 메뉴
: 진부화된 재고자산

    회사가 정상적인 영업활동을 영위하기 위해서는 일정 수준의 재고 보유가 필요하다. 물건을 만들어 판매하는 제조업의 경우 고객 주문에 대응하기 위해 제품을 만들어두어야 한다. 상품을 매입해서 판매하는 소매업도 고객 주문이 있을 때 판매할 수 있도록 상품을 일정 수준 미리 매입하고 있어야 한다.

    회계상 재고자산은 판매를 통해 수익을 창출하는 가치 있는 자산이다. 하지만 재고가 계획대로 팔리지 않고 쌓여간다면 재고는 수익창출에 기여할 수 없는 비용이 될 수 있다. 이처럼 재고자산은 자산이 아닌 비용이 되는 회계 이슈가 존재한다. 재고자산 수익창출 과정과 오래된 재고자산을 판별하고 재무제표에 반영하는 절차를 살펴보자.

## 🟠 재고자산은 판매를 통해 현금화되는 가치있는 자산

　제조업을 영위하는 회사가 보유하는 재고자산 종류에는 원재료, 재공품, 제품 등이 있다. 원재료는 제품을 만들기 위해 구입해 보유하는 것이다. 재공품은 제조 공정에 투입된 후 아직 완성되지 않은 상태의 제품을 의미한다. 제조 과정이 완료되면 판매 가능한 제품이 된다. 도소매업의 경우 보유하는 재고자산은 판매를 위해 매입한 상품이 있다.

　회사가 보유 중인 상품과 제품은 고객에게 판매되어 매출을 발생시키고 매출 대금이 유입됨으로써 현금화된다. 따라서 재고자산은 경제적으로 가치 있는 자원으로 판단할 수 있어 재무상태표 상 자산으로 분류한다. 자산으로 기재된 재고자산은 판매를 통해 수익을 발생시키는 과정을 통해 매출원가라는 비용이 된다. 만약 회사가 100원짜리 제품을 150원에 판매했다면 수익 150원(①)이 손익계산서에 인식되고, 재무상태표에 자산으로 분류되어 있던 제품 100원이 매출원가(②)가 되어 손익계산서에 반영된다. 수익은 150원, 비용은 100원, 이익은 수익에서 비용을 차감한 50원(③)이다. 자산이 팔려나가며 비용이 되는 과정에서 수익과 이익이 창출되는 것이다.

[재고자산의 수익창출 과정]

| 제품(자산) 100원 → 판 매 → | ① 수익(매출) | 150원 | 수익 창출 |
|---|---|---|---|
| | ② 비용(매출원가) | 100원 | 자산에서 비용으로 |
| | ③ 이익 | 50원 | 재고자산 임무 완료 |

## ◐ 재고가 쌓여 오래되면 가치는 떨어진다

판매를 위해 보유한 재고자산이 의도대로 사용 또는 판매되지 않을 수도 있다. 제조를 위해 구입했던 원재료가 제조 활동에 투입되지 않고 판매를 위해 보유 중인 제품과 상품이 팔리지 않고 창고에 쌓여갈 수 있기 때문이다. 오랜 기간 창고에 쌓여있어 본래 목적에 사용할 수 없는 재고자산을 '장기체화' 재고자산이라 표현한다. 이처럼 팔리지 않고 오래된 재고는 물리적 손상 또는 유행 경과 등으로 가치가 하락할 수 있는데 이를 '진부화' 재고자산이라 표현한다.

장기체화, 진부화 재고자산에 대해서는 자산성 검토 이슈가 발생한다. 자산으로 기재한 재고자산이 그만큼의 경제적 가치가 있을지의 여부를 검토하는 것이다. 장기체화, 진부화 등의 요인으로 가치가 하락하게 되는 경우 최초 인식한 자산 금액에서 가치가 하락된 금액만큼은 자산이 아닌 비용으로 반영해야 한다. 재고자산이 판매를 통한 수익창출이라는 임무를 수행하지 못한다면 경제적 가치 있는 자산으로 분류될 수 없는 것이다. 자산이 비용으로 반영된다면 재무제표상 회사가 소유한 자산은 작아지고 비용 증가액만큼 이익이 감소하게 되어 재무적으로 부정적 영향을 초래한다.

## Q 재고자산 가치하락을 어떻게 측정할 것인가?

회계법인이 회계감사를 수행하면서 장기체화, 진부화된 재고자산에 대해 검토하는 절차는 다음과 같은 몇 가지가 있다. 이러한 점을 고려해 내부적으로 재고자산을 관리하는 절차와 정책을 수립할 필요가 있다.

### • 재고자산을 직접 확인

'재고자산 실사'라는 절차를 통해 재고자산의 실재 수량과 상태를 확인하는 절차다. 회사가 진부화된 재고자산을 별도로 보관하고 있다면 해당 내역을 확인하기도 한다. 하지만 앞에서도 설명한 바와 같이 감사인은 모든 재고자산을 확인할 수 없다. 또한 회사가 진부화된 재고를 체계적으로 관리하고 있지 않다면 감사인이 제한된 시간 속에서 오래된 재고자산을 찾아내는 것은 현실적으로 제약이 따른다.

회사의 해당 업무 담당자는 정기적인 재고자산 확인을 통해 진부화 또는 장기체화 재고자산을 관리하고 해당 내역이 존재한다면 재무제표에 반영하는 절차를 취해야 한다.

### • 재고자산 수불부 검토

감사인은 재고자산을 검토하는 경우 회사에게 재고자산 수불부를 요청한다. 이 자료를 기본으로 당기 중 입고 또는 출고가 없이 기초재고가 기말에도 그대로 남아 있는 항목에 대해서는 오래된 재고로 보아 회사에 해당 사유를 요청하게 된다. 만약 다음 표와 같이 재고자산 a와 b 품목이 1년 중 변동 없이 기초재고가 그대로 기말에도 남아 있다면 사용 또는 판매되지 않고 수익창출에 기여할 수 없는 것으로 볼 수 있다는 의미다. a와 b 제품이 1년 동안 판매되지 않은 사유가 무엇인지, 향후에 판매될 가능성은 어느 정도인지, 정상적인 가격에 판매될 수 있을지, 회계감사를 수행하는 시점에 해당 제품의 가치는 어느 정도인지를 판단할 수 있는 객관적인 자료를 추가적으로 회사 담당자에게 요청하게 된다.

[재고자산 수불부 예시] (단위 : 개, 천원)

| 제품 | ①기초 | | | ②당기입고 | | | ③당기출고 | | | ④기말= ①+②-③ | | |
|---|---|---|---|---|---|---|---|---|---|---|---|---|
| | 수량 | 단가 | 금액 | 수량 | 단가 | 금액 | 수량 | 단가 | 금액 | 수량 | 단가 | 금액 |
| a | 10 | 10 | 100 | – | – | – | – | – | – | 10 | 10 | 100 |
| b | 20 | 10 | 200 | – | – | – | – | – | – | 20 | 10 | 200 |
| c | 30 | 20 | 600 | 10 | 20 | 200 | 20 | 20 | 400 | 20 | 20 | 400 |
| d | 40 | 20 | 800 | 30 | 20 | 600 | 50 | 20 | 1,000 | 20 | 20 | 400 |
| 합계 | 100 | | 1,700 | 40 | | 800 | 70 | | 1,400 | 70 | | 1,100 |

• 회사의 재고자산평가 충당금 설정 기준 검토

재고자산 수불부상으로 당기 중 입고나 출고가 없다는 사유만으로 재고자산 가치가 하락했다고 볼 수는 없다. 회사는 A/S 요청에 대비해서 필요한 원재료를 1년 이상 보유할 수도 있고, 2년이 경과한 제품이라 해도 제품의 특성상 판매가격 하락 없이 언제든 판매 가능한 제품도 있다. 이와 같이 재고자산 가치를 명확히 측정하기에는 한계가 존재한다. 때로는 회사와 회계감사를 수행하는 회계법인 간에 이견이 존재하기도 한다. 따라서 회사의 영업 상황에 맞는 재고자산평가 충당금 설정 기준을 정할 필요가 있다.

예를 들어 수불부를 기준으로 1년간 변동이 없는 품목은 재고자산 금액의 50%, 2년이 경과한 품목은 재고자산 금액의 100%를 재고자산평가 충당금으로 설정하는 등 회사가 보유한 재고자산 품목별 성격에 맞게 회계정책을 수립하고 적용해야 한다. 회계감사인, 투자자 등도 회사가 제시한 재고자산평가 충당금 설정 정책이 합리적인지 여부를 검토하게 된다.

## ○ 재고자산도 언젠가는 터질 수 있는 폭탄이다

재고자산은 자산 항목으로서 재고자산가치가 하락했음에도 불구하고 비용이 아닌 자산으로 계속 분류함으로써 재무상태와 손익을 양호하게 유지하려는 유인이 존재한다. 재고자산가치를 명확히 측정할 수 없는 한계와 이러한 회사의 유인을 회계법인 등 외부인이 모두 찾아낼 수 없는 사유 등으로 재고자산의 잠재적인 회계 이슈는 더욱 증가할 수 있다.

장기체화, 진부화 재고자산 등은 기간이 지날수록 더욱 쌓여만

가고 언젠가는 재무제표에 흔적을 남기게 된다. 총자산 대비 재고자산 비중이 높은 회사, 동종업종 평균보다 재고자산 또는 재고자산평가 충당금 비중이 과다하거나 과소한 회사, 전기 대비 재고자산 또는 재고자산평가 충당금 변동비율이 큰 회사 등과 같이 재무제표라는 얼굴을 통해 서서히 모습을 드러내게 된다. 재고자산을 보유하는 회사는 이러한 점을 염두에 두고 재고자산을 관리해 숨어 있는 비용 폭탄은 없는지 찾아보아야 한다.

## 9. 한 번 개발비는 영원한 개발비일까?

무형자산이란 눈에 보이지 않는 자산으로, 물리적 형체는 없지만 경제적 가치를 가지는 경우 재무상태표에 자산으로 분류된다. 유형자산은 토지, 건물, 기계장치 등과 같이 우리가 눈으로 볼 수 있는 자산이다. 이와는 달리 볼 수도 없고 형태도 없지만 자산으로 인식할 수 있는 무형자산의 종류에는 무엇이 있을까? 회계에서 무형자산은 개발비, 영업권, 산업재산권(특허권, 상표권 등) 등이 있다.

자산으로 기재된 무형자산의 역할은 수익을 창출하는 것이다. 수익이 창출되는 과정에서 자산은 비용으로 인식되며 자신의 소임을 다하게 된다. 자산으로 기재된 무형자산 또한 자산성 검토가 이루어져야 한다. 자산으로 기재된 금액만큼 가치가 있는지를 살펴보는 것이다. 무형자산의 자산성이 없다면, 즉 해당 무형자산으로 인해 미래 수익이 창출될 것으로 기대되지 않는다면 자산이 아닌 비용으로 분류되어야 한다.

무형자산 중 주요 회계 이슈가 되는 개발비와 자산성 검토에 대한 주요 내용을 살펴보자.

## ○ 자산이 비용으로 되어가는 과정 : 수익·비용 대응

무형자산 중 개발비는 기업이 신제품이나 신기술을 개발하면서 지출한 비용이다. 개발비용은 손익계산서상 비용으로 반영되는 것이 원칙이다. 하지만 개발비용 지출로 인해 신제품 또는 신기술 개발이 완료된 시점 이후에 매출 발생이 기대된다면 개발비용을 비용이 아닌 자산으로 분류할 수도 있다. 개발비용이 발생하는 시점에는 자산으로 분류하고 미래 매출이 발생하는 일정 기간 동안 자산을 비용으로 분류해준다.

다음 표에서 그 예를 살펴보자. 신기술 개발 기간은 2년이고 개발비용은 매년 2억 5,000만 원씩 총 5억 원이 발생한다. 신기술 개발 완료 이후 신제품 생산 및 판매로 인해 3년 후부터 5년간 매출이 매년 2억 원씩 발생한다고 가정해보자.

[개발비용을 손익계산서 비용으로 반영하는 경우] (단위 : 억원)

| 구 분 | 신기술 개발 기간 | | 신제품 생산 및 판매 | | | | |
|---|---|---|---|---|---|---|---|
| | 2023년 | 2024년 | 2025년 | 2026년 | 2027년 | 2028년 | 2029년 |
| 손익계산서 | | | | | | | |
| 수익(②) | 0 | 0 | 2 | 2 | 2 | 2 | 2 |
| 비용(①) | 2.5 | 2.5 | 0 | 0 | 0 | 0 | 0 |
| 이익(손실) | (-)2.5 | (-)2.5 | 2 | 2 | 2 | 2 | 2 |

먼저 개발비용을 손익계산서상 비용으로 분류하는 경우, 개발 기간 2년 동안은 손익계산서상 개발비용만 인식되어 손실이 발생하고(①), 신기술 개발 완료 이후 매출이 발생하는 2025년부터는 수익만 인식되고(②) 비용으로 인식되는 금액은 없어 이익만 발생하게 된다. 비용은 수익을 창출하기 위해 지출한 금액으로, 수익을 창출했다면 이를 위해 발생한 비용은 얼마인지 수익에서 차감해주어 이익을 산출하는 것이 합리적이다. 이를 수익·비용 대응의 원칙이라 한다. 그런데 2025년부터 매년 발생하는 수익 2억 원에 대응하는 비용이 인식되지 않으므로 이와 같은 회계처리는 수익·비용 대응의 관점에서는 합리적이지 않다.

따라서 개발 기간 동안 발생하는 개발비용을 재무상태표 자산으로 인식하고 개발 완료 이후 신제품 생산 및 판매 기간 동안 손익계산서 비용으로 반영하는 회계처리를 적용할 수도 있다. 수익·비용 대응 측면에서 합리적인 방법이다. 결과는 다음과 같다.

[개발비용을 재무상태표 자산으로 분류하는 경우] (단위 : 억 원)

| 구 분 | 신기술 개발 기간 | | 신제품 생산 및 판매 | | | | |
|---|---|---|---|---|---|---|---|
| | 2023년 | 2024년 | 2025년 | 2026년 | 2027년 | 2028년 | 2029년 |
| 재무상태표 | | | | | | | |
| 개발비(①) | 2.5 | 5 | ⇒ 4 | ⇒ 3 | ⇒ 2 | ⇒ 1 | ⇒ 0 |
| 손익계산서 | | | | | | | |
| 수익 | 0 | 0 | 2 | 2 | 2 | 2 | 2 |
| 비용(②) | 0 | 0 | 1 | 1 | 1 | 1 | 1 |
| 이익 | 0 | 0 | 1 | 1 | 1 | 1 | 1 |

개발 기간인 2023년부터 2024년 동안 발생한 개발비용을 비용이 아닌 재무상태표 자산으로 분류한다. 2024년까지 자산으로 분류된 개발비 합계 5억 원(2023년 2.5억 원, 2024년 2.5억 원 합계)을 개발 완료 후 매출이 발생하는 2025년부터 제품 생산 및 판매 기간(5년) 동안 매년 1억 원씩 감소시켜 주고(①) 동 금액을 비용으로 반영해 준다(②). 이와 같이 자산으로 분류된 개발비를 일정기간 동안 비용으로 분류해주는 과정을 '개발비상각'이라 한다.

이와 같은 회계처리를 통해 2025년 이후 매년 발생하는 수익 2억 원에 대해 개발비 상각비용 1억 원이 대응된다. 수익·비용의 대응이 이뤄졌다.

## ○ 개발비가 자산이 되려면

개발비용을 회사가 마음대로 비용이 아닌 자산으로 분류할 수 있는 것은 아니다. 기업회계기준에서는 개발비용을 자산으로 분류할 수 있는 요건을 규정하고 있다. 이를 '개발비 자산화 요건'이라 표현한다. 주요 내용은 다음과 같다.

- '개발 단계'에서 발생하는 비용이어야 한다. 시제품 제작 등 구체적인 신기술이나 신제품 제작을 위한 개발 단계에서 발생하는 비용이 개발비 인식 대상이다.
- 개발 활동으로 인해 미래 경제적 효익, 즉 '매출 발생'이 예상되어야 한다.

- 개발 단계에서 발생하는 개발비용을 합리적으로 집계할 수 있어야 한다.

위와 같은 요건 충족 시 회사가 개발비 자산성 검토를 위해 다음과 같은 서류들을 준비해놓을 필요가 있다. 쉽게 생각해서 개발 완료 이후에 관련 신제품 등으로 수익창출을 기대할 수 있어야 하고 관련 내용을 검토하고 문서화해야 한다는 의미다.

- **개발비 자산성 검토양식** : 상기 개발비 자산화 요건 충족 여부 검토 내용 및 근거서류
- **프로젝트 개발계획서** : 완성되는 신기술이나 신제품으로부터 예상되는 시장, 미래 매출 실현 가능성 검토자료
- **개발비용 집계 내역** : 개발 활동에 참여한 인원의 투입시간 내역 및 전체 인건비 중 개발비로 분류하는 금액, 개발 활동 관련 원자재 구입내역 등 거래증빙 자료

## ○ 개발비도 폭탄이 될 수 있다

회사는 살펴본 절차를 통해 개발비용을 비용이 아닌 자산으로 기재할 수 있다. 하지만 자산으로 분류된 개발비도 비용으로 반영되는 폭탄이 될 수 있음을 숙지해야 한다.

**먼저, 자산으로 분류된 개발비는 언젠가는 비용이 되어야 한다.** 개발 완료 이후부터 매출이 발생하는 일정 기간 동안 개발비상각

을 통해 비용으로 반영해야 한다. 살펴본 예시의 경우 2024년까지 자산으로 집계된 개발비 5억 원은 개발 완료 후 2025년부터 5년동안 매년 1억 원씩 개발비상각이라는 비용으로 반영된다.

**둘째, 매년 개발비 자산성 검토가 이루어져야 한다.** 개발 중인 프로젝트로 인한 미래 매출 가능성이 희박한 경우 또는 개발 완료 이후 매출 발생이 미비하다면 개발비로 집계된 금액은 전액 비용으로 반영되어야 한다. 이를 '개발비 손상차손'이라 한다

예시의 경우 2027년 개발비 잔액은 2억 원이다. 이는 2024년까지 자산으로 인식된 개발비 5억 원에서 2025~2027년까지의 개발비 상각비용 3억 원을 차감한 금액으로 계산된다. 만약 2028년 이후 관련 매출이 더 이상 기대되지 않는다면 2027년 개발비 잔액 2억 원은 모두 개발비손상차손이라는 비용으로 인식해야 한다.

| 신기술 개발 기간 | | 제품 생산 및 판매 | | | | |
|---|---|---|---|---|---|---|
| 2023년 | 2024년 | 2025년 | 2026년 | 2027년 | 2028년 | 2029년 |
| 재무상태표 | | 손익계산서 | | | | |
| 자산 | 자산 | 개발비상각 | 개발비상각 | 개발비상각 | 개발비상각 | 개발비상각 |
| | | 개발 완료 후 일정 기간동안 개발비상각을 통해 비용으로 반영 | | | | |
| | | 매년 개발비 자산성 검토를 통해 미래 매출 발생이 기대되지 않을 경우<br>개발비 잔액을 모두 비용(개발비 손상차손)으로 반영 | | | | |

이처럼 자산으로 인식된 개발비는 개발비상각 또는 개발비 손상차손이라는 과정을 통해 비용으로 반영된다. 일부 회사는 개발비 자산성 요건을 충족하지 못함에도 불구하고 개발비용을 자산

으로 반영하거나 매출이 발생하지 않음에도 개발비상각을 하지 않고 계속 자산으로 남겨놓는 경우가 있다. 회사 입장에서는 비용으로 반영되면 이익이 줄어들고 손실이 발생할 수 있기 때문이다. 개발비 금액은 기간이 지날수록 금액이 커지고 자산으로 누적된 금액이 언젠가는 비용이라는 폭탄으로 폭발할 수도 있다.

따라서 개발비용을 자산으로 인식하고자 하는 회사는 향후 회계감사, 투자사의 재무제표 검토 등을 대비해서 개발비 인식 요건을 숙지하고 필요한 자료들을 미리 준비해 놓을 필요가 있다. 특히 사업 초기 매출 발생이 미미하고 개발비용만 발생하는 스타트업들은 개발비용을 자산으로 반영하는 경우가 있는데, 개발비는 영원한 자산이 될 수 없음을 명심해야 한다. 영원한 개발비는 없다.

# 모두가 평가를 포기한 무형자산 3,750억 원

　재무상태표에 자산으로 기재되는 무형자산의 적절한 금액을 산정하는 데에는 많은 한계가 뒤따른다. 형체가 없고 눈에 보이지 않는 무형자산으로 인해 미래 창출될 것으로 기대되는 수익을 추정하기에는 많은 불확실성이 존재하기 때문이다. 이와 같이 무형자산 평가 금액의 불확실성으로 인해 재무제표의 신뢰성을 인정받지 못하고 회사가 존폐 위기에 처하게 되는 경우도 존재한다. 2021년 4월에 청와대 국민청원에 게재된 다음의 내용을 통해 무형자산 평가에 따른 회계 이슈에 대해 살펴보도록 하자.

**기업의 생사여탈권을 쥐고 흔들며 '먹튀'한 회계법인의 무책임함을 바로잡아주세요.**

∞∞회사에서는 식약처에 ∞∞ 임상 진행을 신청해 승인되었으나, 이 약을 가진 ∞∞라는 회사가 회계법인의 회계감사에서 의견거절을 받아 회사의 존속 여부가 불투명해졌고, 따라서 이 약의 국내 임상 진행이 어려운 상황이 되었습니다.

∞∞이라는 면역항암제는 미국FDA에서도 인정하고 전 세계 50개 대학병원에서 임상이 진행되고 있으며, 한국식약처에서도 의미가 있어서 임상을 진행하고 세계적 바이오 의료 회계법인과 국내 굴지의 회계법인들도 인정한 무형가치 자산을, 회계법인이 감사해 의견거절 했다는 사실이 아무리 생각해도 이해가 안 됩니다.

무형자산인 ∞∞이라는 면역항암제가 평가를 받지 못하게 되어, 이 약을 사용해서 생명을 연장하고자 하는 암 환자를 포함해, 이 회사의 수많은 주주들 모두가 돌이킬 수 없는 피해를 보게 되었습니다.

약에 대해 무지한 자 혹은 단체가 알 수 없어서 약에 대한 평가를 절하하면 앞으로 신약을 개발 혹은 투자를 하는 회사가 한국 시장에 무엇을 믿고 개발 혹은 투자를 할 것이며 더 나아가 우리나라의 난치 혹은 불치병 환자는 죽을 날만을 기다려야 하는지 의문입니다.

- 청와대 국민청원 내용 일부 발췌

### ○ 외부에서 취득한 무형자산 가치 3,750억 원

청원에 등장하는 ○○○회사(F사)는 해외 소재 회사로부터 신약연구개발 권리를 취득했다. F사의 감사보고서에 기재된 내용에 의하면, F사가 취득한 권리는 췌장암 등 면역항암치료 특허 일체의 권리 및 임상 프로그램이며, 이러한 권리의 가치를 약 3,750억 원으로 평가해 재무상태표에 무형자산으로 인식했다. F사는 해당 신약개발 활동이 임상 3상 진행 등으로 성공 가능성이 높다고 판단했고 이에 따라 미래 예상되는 미래 손익을 기초로 무형자산을 평가했다. 또한 해당 무형자산 가치평가는 외부 전문 가치평가기관에 의해 수행되어 평가 금액의 신뢰성에는 이슈가 존재하지 않는다는 입장을 표명했다.

이에 반해 F사 회계감사를 담당한 회계법인은 재무제표에 기재된 무형자산 금액 3,750억 원의 적정성 여부에 대한 불확실성 등을 이유로 감사보고서에 의견거절을 표시했다. 미래 임상시험이 지연되거나 예상치 못한 상황으로 성공하지 못할 가능성이 있으며, 회사의 전체 자산에서 무형자산이 차지하는 비중이 약 81%인 점을 고려할 경우 임상 실패 시 회사가 지속적으로 생존하지 못할 위험인 계속기업에 대한 불확실성 또한 존재한다고 판단했기 때문이다.

[무형자산 평가에 대한 회사와 회계법인의 상반되는 입장]

| F사 입장 | vs | 회계법인 입장 |
|---|---|---|
| 무형자산 가치 3,750억 원 적정함 | | 임상 성공 불확실성 평가금액 적정성 부족 |

## ○ 회계법인과 법원의 핑퐁게임

　회계법인이 의견거절을 표시한 또 다른 이유가 있다. F사는 취득한 무형자산 평가 금액 3,750억 원을 상대 회사에게 지급해야 하는데, 이 중 약 2,100억 원에 대해서는 현금이 아닌 F사의 주식을 발행해 상대 회사에게 지급하기로 약정했다. F사 입장에서 보면 주식을 발행하고 주식발행 대가를 현금이 아닌 상대 회사의 무형자산으로 수령한 것이다.

　참고로 이와 같은 형태를 현물출자라 하고 현물출자에 대해서는 법원 인가를 받아야 한다. 법원은 현물출자 재산에 대한 평가가 객관성과 합리성을 갖추어 적정하게 이루어진 것으로 보기 어렵다는 이유 등으로 F사의 현물출자 신청을 인가하지 않았다. 주된 이유는 무형자산 평가 금액에 대해 회계감사를 담당하는 회계법인으로부터 적정하다는 의견을 받지 못했기 때문이다. 반면 회계법인은 현물출자에 대해 법원이 인가하지 않았다는 점을 한정의견을 표명한 이유 중 하나로 들었다. 회계법인과 법원 사이 핑퐁게임이 이어진 것이다.

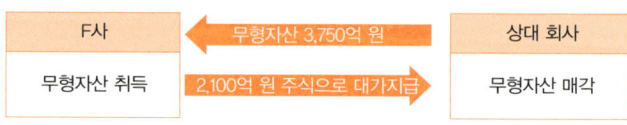

## ○ 가치평가금액 검증의 불확실성과 회사의 존폐 위기

F사가 재무제표에 자산으로 인식한 무형자산 3,750억 원 가치의 적정성을 증명하기 위해 국내외 가치평가 전문 기관이 총동원되었다. 이를 통해 임상 성공 가능성과 시장규모, 시장점유율, 최종 승인 가능성 등을 고려할 경우 무형자산에 대한 손상 가능성은 존재하지 않음을, 자산성이 있음을 주장했지만 끝내 받아들여지지 않았다.

회계법인은 임상 성공에 대한 불확실성과 현물출자로 인한 무형자산 취득대금 지급에 대한 적정성 결여, 나아가 회사의 계속기업으로서의 불확실성 등의 사유로 의견거절을 표시했다

코스닥 상장기업이었던 F사는 감사보고서 의견거절로 인해 상장폐지 위기에 처했고 주식거래는 중지되었다. 일정 기간의 상장폐지 사유 개선 기간을 부여받아 개선계획을 수립하게 되었다. 다음 연도 F사 회계감사는 다른 회계법인이 담당하게 되었고 새로운 회계법인과의 무형자산 평가 금액 적정성에 대한 승부는 이어졌다.

F사가 위기에 처한 것은 이렇게까지 되리라고는 예상하지 못했

기 때문일 가능성이 크다. 애초에 F사는 자동차 부품회사로 출발했다. 회계법인의 눈에는 자동차 부품만 팔던 F사가 신약을 들고 나타난 봉이 김선달로 비쳤을 수도 있다. F사와 회계법인과의 줄다리기는 쉽게 끝나지 않았고 이후 회사는 수년간 회계감사를 받으며 무형자산 가치를 인정받지 못해 모든 금액을 비용으로 반영했다. 회사가 최초 자산으로 인식했던 무형자산 3,750억 원이 결국 0원으로 증발되어 버린 것이다. 설상가상으로 임상 시험 또한 중단위기에 처해 결국 해당 바이오사업을 철수하기에 이르렀다.

　평가 시점에는 불확실한 미래에 대해 회사와 회계법인 누구의 주장이 맞는지에 대한 정답은 없다. 중요한 점은 이처럼 무형자산 가치평가에는 미래 수익 실현가능성 추정에 대한 불확실성이 존재한다는 점이다. 이로 인해 재무제표의 적정성을 인정받기 어려운 경우가 존재하기도 하고 회사가 존폐 위기에 처할 수도 있다. 따라서 눈에 보이지 않는 무형자산을 재무제표에 인식하기 위해서는 이러한 점을 염두에 두어야 한다.

# 11. 보이지 않는 무형자산 : 영업권

눈에 보이지 않는 무형자산 중 회계 이슈로 자주 등장하는 것으로 영업권이 있다. 영업권은 무형의 가치로서 미래 경제적 자원의 유입이 예상되는 경우 자산으로 분류된다. 자산으로 분류된 영업권은 자산성 검토 결과에 따라 비용으로 반영되어야 하는 경우가 있다. 영업권은 형태가 없고 자산성 검토 과정에서 불확실한 미래에 대한 추정이 필요한 이유 등으로 평가 금액에 정답이 없는 대표적인 회계 이슈라고 할 수 있다.

영업권의 의미와 회계상 재무제표 반영 방법, 영업권의 자산성을 평가하는 방법과 비용으로 반영되는 회계 이슈 등에 대해 살펴보자.

## ○ 영업권은 자산으로 탄생한다

a사가 b사의 자산과 부채를 모두 인수하는 경우를 가정해보자.
- b사의 자산은 50억 원, 부채는 30억 원, 자본(순자산)은 자산에서 부채를 차감한 20억 원
- a사가 b사에게 지급한 대가는 현금 30억 원

이 경우 a사 회계처리는 다음과 같다. 복식부기에 의하면 자산과 비용은 왼쪽(차변)에, 부채와 자본, 수익은 오른쪽(대변)에 기록한다. b사로부터 인수하는 자산을 왼쪽(①)에 부채를 오른쪽(②)에 각각 기록한다. 대가로 지급한 현금 감소액은 자산의 감소이므로 원래 자리인 왼쪽의 반대편 오른쪽(③)에 기록한다. 오른쪽에 기재된 금액 60억 원(②+③)과 왼쪽 금액 50억 원(①)의 차이인 10억 원(④)을 영업권이라는 자산 항목으로 왼쪽에 기재하여 복식부기 균형을 맞춘다.

**a사 회계처리** (단위: 억 원)

| 왼쪽(차변) | | 오른쪽(대변) | | 비고 |
|---|---|---|---|---|
| 자산 | ① 50 | 부채 | ② 30 | i. 지급한 대가　　30<br>ii. 인수한 순자산(50-30) = 20<br>iii. 영업권(i-ii)　　= 10 |
| | | 현금 | ③ 30 | |
| 영업권(자산) | ④ 10 | | | |
| 합계 | 60 | 합계 | 60 | |

a사는 b사의 순자산 20억 원(ii)을 인수하면서 대가 30억 원(i)을 지급한 경우로 b사의 순자산보다 10억 원(iii)을 추가로 지급했다. 이유는 무엇일까? b사의 눈에 보이는 자산과 부채 이외에 무형의 가치에 대한 대가로 해석할 수 있다.

이와 같이 눈으로는 식별되진 않지만 기업의 영업력, 노하우 등으로 인해 미래 초과수익력을 창출할 것으로 기대되는 권리를 영업권이라 한다. a사는 b사 재무제표에 표시되어 있는 자산과 부채 이외에 영업권에 대한 추가적인 대가를 지급한 것이다.

영업권은 회계의 거래분류상 자산으로 분류한다. 영업권은 미래 수익을 기대하는 부분에 대해서 식별 가능한 순자산의 가치에 더해 추가적으로 지급하는 대가이기 때문이다. 일상에서도 영업권과 비슷한 느낌으로 적용되는 부분들이 있다. 치킨집을 인수할 때 눈에 보이는 인테리어 설비 이외에 권리금 명목으로 추가적인 대가를 지급하거나 새로운 아파트 분양권을 사면서 원래의 분양가격 이상의 프리미엄이라 표현되는 대가를 지불하는 경우가 이에 해당한다. 치킨집 인수를 통해 권리금 이상의 수익을 기대하고, 분양권을 사면서 미래 프리미엄 이상의 아파트 시세 상승으로 인한 수익을 기대하기 때문이다. 회계에서 이와 같은 성격의 영업권을 미래 수익이 기대된다는 측면에서 자산으로 분류한다.

## ○ 영업권이 계속 자산이 되려면

재무상태표에서 자산으로 분류된 영업권의 역할은 미래 수익을 창출하는 것이다. a사는 눈에 보이지는 않지만 인수한 무형의 가치를 이용해 영업권 명목으로 지급한 10억 원 이상의 경제적 가치를 기대한다. a사가 b사에게 무형의 영업권 대가 10억 원을 지급한 것은 이러한 이유 때문이다.

자산으로 인식된 영업권이 비용으로 되어가는 과정-영업권상각

| 구 분 | 영업권<br>발생 | 영업권 보유로 인한 미래 수익창출 | | | | |
|---|---|---|---|---|---|---|
| | 2024년 | 2025년 | 2026년 | 2027년 | 2028년 | 2029년 |
| 재무상태표 | | | | | | |
| 영업권 잔액(①) | 10 | ⇒ 8 | ⇒ 6 | ⇒ 4 | ⇒ 2 | ⇒ 0 |
| 손익계산서 | | | | | | |
| 수익(②) | 0 | 5 | 5 | 5 | 5 | 5 |
| 비용 :<br>영업권상각(③) | 0 | 2 | 2 | 2 | 2 | 2 |
| 이익 | 0 | 3 | 3 | 3 | 3 | 3 |

예시의 경우 a사는 2024년 영업권 대가로 10억 원(①)을 b사에게 지급함으로써 이후 기간인 2025년부터 5년 동안 매년 5억 원의 수익(②)이 창출된다. 자산으로 인식된 무형자산은 수익을 창출하는 일정 기간(예시의 경우 5년) 동안 영업권상각이라는 과정을 통해 일정 금액씩 감소해서 잔액이 줄어들어(①), 줄어든 금액만큼 손익계산서에 비용으로 반영된다(③). 자산(①)이 수익을 창출하며(②) 비용이 되어가는 과정(③)으로 수익과 비용의 대응으로 이해할 수

있다.

이와 같이 영업권이 자산으로 분류되기 위해서는 미래 기간 동안 영업권 금액 이상의 수익창출이 기대되어야 하고, 수익창출 기간 동안 영업권상각을 통해 비용으로 반영된다. 표의 내용을 보면 a사는 영업권을 10억 원에 샀고 이후 5년 동안 매해 5억 원의 수익을 창출하므로 매년 영업권상각 2억 원의 비용을 제하고도 이익은 5년간 3억 원씩 발생함을 알 수 있다.

## 영업권은 한순간에 비용이 되어 사라질 수 있다

만약 영업권으로 인한 미래 수익창출이 더 이상 기대되지 않는다면 어떻게 해야 할까? 이는 영업권이 자산의 역할을 할 수 없다는 의미이기 때문에 영업권이 자산성을 상실한 경우 자산으로 기재되어 있는 영업권 금액은 모두 비용으로 반영되어야 한다.

다음 표 내용처럼 2026년 말 시점에서 판단했을 때 2027년 부터는 영업권 보유로 인한 수익이 기대되지 않는다면, 2025년까지 자산에 기재되어 있던 영업권 잔액 8억 원은 모두 2026년에 비용으로 반영되어 2026년 영업권 잔액은 0원이 되고(④), 8억 원은 모두 영업권 손상차손이라는 비용으로 손익계산서에 반영되어야 한다(⑤). 자산으로 탄생한 영업권이 한순간에 비용으로 사라지는 것이다.

자산으로 인식된 영업권이 한순간에 비용이 되는 과정 : 영업권손상차손

| 구 분 | 영업권<br>발생 | 영업권 보유로 인한 미래 수익창출 | | | | |
|---|---|---|---|---|---|---|
| | 2024년 | 2025년 | 2026년 | 2027년 | 2028년 | 2029년 |
| 재무상태표 | | | | | | |
| 영업권 잔액(④) | 10 | ⇒ 8 | 0 | | | |
| 손익계산서 | | | | | | |
| 수익 | 0 | 5 | 5 | | | |
| 비용 : 영업권상각 | 0 | 2 | 0 | | | |
| 비용 : 영업권손상<br>차손(⑤) | 0 | 0 | 8 | | | |
| 이익 | 0 | 3 | (3) | | | |

## ◐ 영업권 가치를 평가하는 방법

영업권의 가치는 영업권으로부터 기대되는 미래 예상손익의 현재가치로 평가할 수 있다. 이를 위해 영업권을 인수한 대상회사 또는 사업부로부터 미래 기대되는 수익과 비용을 포함한 손익을 예측하는 과정이 필요하다. 영업권의 자산성 평가가 회계 이슈로 자주 등장하는 이유는 미래손익 추정에 불확실성이 존재하기 때문이다. 즉 미래가 어떻게 될지는 아무도 알 수 없다는 의미다.

영업권이 존재하는 회사가 회계감사를 대비하기 위해 회계법인 등 외부 전문 평가기관에 영업권 평가 의뢰가 필요한 경우도 있다. 미래 예상손익에 근거해 영업권 평가 금액이 추정되므로 독립적인 제삼자의 평가를 통해 평가 금액에 대한 객관성을 확보하기

위해서다. 이러한 경우에도 회계감사를 수행하는 회계법인은 해당 영업권 평가보고서에 대한 적정성을 면밀히 검토한다. 회계감사를 위해 영업권 평가를 수행한 회계법인과 회계감사를 수행하는 회계법인 모두 영업권 평가에 반영된 미래 추정의 합리성에 대해 최선의 정답을 찾기 위해 노력한다.

### ❓ 영업권 회계 이슈를 대비하기 위해서는

정답이 없는 영업권 평가 이슈에 대해 회사 입장에서 몇 가지를 유의할 필요가 있다.

**첫째, 최초 거래 발생 시점에 영업권 인수 대상 회사의 재무와 손익 현황을 면밀히 검토해야 한다.** 해당 회사에 대한 장밋빛 기대만으로 과도한 거래대금을 지불한다면 영업권 금액은 불필요하게 커질 수 있다. 그만큼 미래 비용으로 반영될 잠재 회계 이슈는 증가한다.

**둘째, 영업권 가치평가를 위한 해당 영업권으로부터 예상되는 추정손익자료를 관리해야 한다.** 이를 위해 영업권이 속한 해당 사업부의 재무제표를 별도로 작성할 필요가 있다. '외부평가기관이 알아서 잘 평가해주겠지'라고 생각하는 회사도 있다. 영업권 평가를 외부평가기관에 의뢰하는 경우에도 평가를 위한 기초자료는 회사가 제공해야 한다.

셋째, 자산으로 반영된 영업권 또한 언제든 비용으로 점화해서 터질 수 있는 폭탄임을 명심해야 한다. 영원한 자산은 없다.

# 12 옐로카드를 받은 옐로모바일 : 영업권손상 사례

옐로모바일을 들어본 적이 있는가? 스타트업으로 시작해서 기업가치 1조 원의 유니콘 기업이라 불리던 기업이다. 회사는 계열사의 인수합병을 통해 성장 전략을 추구했고 이 과정에서 재무제표에 영업권이 자산으로 기재되었다. 자산으로 기재된 영업권은 언제든 비용으로 인식될 수 있다. 옐로모바일의 감사보고서와 관련 기사를 통해 영업권의 자산성에 대해 살펴보자.

## 덩치를 키우는 성장전략을 구사했던 옐로모바일

주식회사 옐로모바일 감사보고서에 따르면, 이 회사는 온라인 및 모바일 광고대행 서비스업 광고전략 컨설팅, 마케팅 기획 및 마케팅 컨설팅업, 전자상거래업 및 국내외 여행업 등을 사업목적으로 하고 2012년 8월 22일에 설립되었다. 경영효율성 제고, 사업결

합을 통한 사업다각화 및 전략적 성장을 위해 다수의 회사 및 사업에 대해 흡수합병 및 사업양수를 꾀했으며, 다수의 종속기업에 대한 지분투자를 했다. 즉 옐로모바일은 다른 회사와의 합병 등으로 규모를 키움으로써 성장을 추구했다.

흡수합병은 다른 회사의 자산과 부채를 통째로 인수하는 것이고 사업양수는 다른 회사의 사업 부문을 사들이는 것이다. 다른 회사의 주식을 인수하는 경우도 있다. 이러한 경우 인수한 순자산(자산-부채)의 가치보다 더 많은 대가를 지급한 경우 초과로 지급한 돈은 옐로모바일 재무제표에 영업권이라는 자산이 인식된다. 그러나 이 회사는 공격적인 영업권 투자로 재무구조에 막대한 타격을 입고 말았다. 당시〈중앙일보〉는 이 일을 기사로 다루기도 했다.

인수합병(M&A)을 많이 하는 회사에 투자한다면 회계장부의 '영업권' 항목을 자세하게 들여다보는 게 좋겠다. 자산이었던 영업권이 어느 순간 순손실로 돌변하면서 기업 재무구조에 치명타를 주는 경우가 있기 때문이다.

'벤처기업 연합체'로 유명한 옐로모바일이 딱 그런 경우다. 이 회사는 지난해 대규모 당기순손실을 기록했다. '영업권'이 갑작스럽게 손실로 바뀌면서다. 지난해 손실로 변한 액수만 630억 원. 옐로모바일은 미리 위험자산을 줄여나가기 위한 과정에서 벌어진 일이라 설명하지만, 투자자들은 나머지 1700억 원의 영업권마저 손실로 변하지 않을지 우려하고 있다.

> 영업권이란 기업의 브랜드 가치나 평판·인적 네트워크(영업망) 등 영업을 오래 하면서 쌓인 성장 잠재력을 의미한다. 평판과 인맥이 좋다는 건 돈으로 가격을 매기기 어렵기 때문에 평소에는 이 자산이 회계장부에 드러나지 않는다. 흔히 기업을 인수하는 과정에서 시장가격보다 더 많은 돈을 주고 사게 될 경우, 기업의 성장 잠재력을 '웃돈'을 주고 산 것으로 보고 인수자의 회계장부에 '영업권'이 무형자산으로 등장하게 된다. 마치 4억 원짜리 아파트를 학군이 좋고 주변에 유해 시설이 없다는 장점을 보고 5억 원에 샀다면 웃돈을 준 1억 원이 '영업권' 자산이 되는 식이다.
>
> — "'영업권이 뭐길래'…'벤처 연합' 옐로모바일, 회계상 손실만 630억", 〈중앙일보〉, 2017.4.17.

## ○ 규모 확장과 함께 쌓여가는 영업권

옐로모바일 감사보고서에 의하면, 2015년 12월 말 자산으로 기재된 영업권 잔액은 약 2,350억 원이고 이 중 630억 원을 2016년에 영업권 손상차손이라는 비용으로 인식했다. 그 결과 2016년 12월말 자산 총액은 5,070억 원이고 영업권 잔액은 1,720억 원으로, 전체 자산 중 눈에 보이지 않는 자산이 차지하는 비중이 34%에 달했다. 이것이 문제가 되지는 않지만 영업권이 그만큼의 자산가치가 있는지 여부가 중요하다. 기사에서 언급된 것처럼 2016년 말 기준의 영업권 잔액 약 1,720억 원 또한 비용으로 변할 가능성이 존재하는 것이다.

　2016년 말 옐로모바일의 계열사는 80여 개에 달했다. 타기업 인수확장을 통해 시너지를 창출하는 성장 전략을 추구하는 과정에서 상대 회사에게 초과 지급한 대가는 영업권이라는 흔적을 남긴다. 인수한 계열사들이 예상과 달리 수익을 창출하지 못한다면 영업권은 자산이 아닌 비용으로 인식되어 손실이 증가하게 된다.

## ○ 영업권의 운명은 어떻게 될 것인가

　2016년 말 옐로모바일의 영업권 잔액 1,720억 원은 어떻게 되었을까? 회사의 감사보고서를 통해 살펴보면, 2017년에도 자산으로 분류되어 있던 영업권 중 약 620억 원이 영업권 손상차손, 즉 비용으로 인식되었다. 그러나 회사의 덩치 키우기 전략은 멈추지 않았다. 회사는 2017년에 계열사 17개를 감소시켰지만 신규 계열사 60여 개가 추가되는 과정에서 영업권 약 1,100억 원이 추가로 발생했다. 결국 2017년 말 영업권 잔액은 약 2,200억 원으로 2016년말보다 증가했다.

　2018년에도 약 160억 원의 영업권 손상차손을 인식했다. 감사보고서를 통해 확인되는 옐로모바일의 영업권 잔액은 2018년 말 1,170억 원, 2019년 말 930억 원 수준이다. 〈중앙일보〉 기사는 이 회사의 영업권 손상차손을 이렇게 해석하고 있다.

문제는 영업권은 금방 손실로 돌변할 수 있는 고위험 자산이란 점이다. 인수한 기업의 전문인력이 대거 이탈해 영업망이 무너지거나 생산하던 상품이 시장에서 팔리지 않아 사업성이 크게 나빠지면 손실로 전환된다. 학군과 교육 환경이 좋아질 것으로 보고 웃돈을 주고 산 아파트 주변에 유흥업소나 방사능폐기물처리장이 생기면 웃돈을 날리게 되는 것과 같은 이치다.

옐로모바일이 지난해 2500억 원 규모 영업권 중 630억 원을 손실처리한 회사도 대부분 적자가 누적돼 사업 밑천(자본금)을 까먹었거나 미래의 수익을 기대하기 힘든 곳들이다. 익명을 요구한 한 공인회계사는 "옐로모바일이 인수한 스타트업 대부분은 지난해 말에도 적자 행진을 계속했다"며 "상장 예비 기업인 옐로모바일은 정부가 지정한 회계감사인으로부터 엄격한 회계감사를 받게 되므로 나머지 1700억 원대 영업권 중에서도 앞으로 추가 손실이 발생할 수 있다"고 설명했다.

옐로모바일은 그러나 올해 이미 '예방 주사'를 맞았기 때문에 추가 손실은 없을 것이라고 강조했다. 성장 잠재력이 떨어진 스타트업의 영업권은 미리 손실로 잡아 실적이 들쭉날쭉 변할 가능성을 차단했다는 것이다. 임승원 옐로모바일 부사장은 "630억 원의 영업권을 손실 처리한 것은 매우 보수적으로 접근한 것으로 남은 영업권에서 추가 손실은 적을 것"이라고 강조했다.

- 앞의 기사

## 💡 회계법인이 제시한 옐로카드

　옐로모바일 감사보고서에는 2017년 이후 2021년까지 5년 연속 의견거절이 기재되었다. 그 이유를 한번 살펴보자.

　계열사를 보유한 회사는 계열사에 대한 재무와 영업손익 현황을 정기적으로 보고 받고 관리할 수 있어야 한다. 연결재무제표(회사와 계열사들의 재무제표를 하나로 합산한 재무제표) 작성을 위해서는 계열사의 재무제표를 회사의 결산 일정에 맞춰 받아야 하기 때문이다. 그러나 옐로모바일 주요 계열사는 요구되는 기일을 넘겨 재무제표를 제출했고, 결국 이는 2017년 연결감사보고서 의결거절 사유 중 하나로 작용했다.

　또한 계열사를 인수함으로써 발생한 영업권을 보유한 회사는 계열사의 손익 현황을 파악하고 예상되는 손익을 합리적으로 추정할 수 있어야 한다. 이러한 자료를 토대로 필요에 따라 외부 평가기관을 통해 영업권의 미래 예상되는 손익, 즉 영업권의 자산성 평가내역을 회계감사인에게 제시해야 한다. 그러나 회사감사를 수행하는 입장에서는 눈에 보이지 않는 영업권의 가치를 인정할 만한 신뢰성 있는 근거자료가 부족했다. 결국, 이 부분은 2019년 연결감사보고서 주요 의견거절 사유 중 하나로 작용했다.

　옐로모바일은 2020년과 2021년에는 회사감사를 위한 계열사 재무제표뿐만 아니라 자신의 재무제표도 회계법인에 제시하지 못했다. 방대한 계열사의 재무정보를 효율적으로 관리해 취합하지 못했고 자신의 재무제표 또한 작성할 능력이 뒷받침되지 않았던 것으로 판단된다.

## ◐ 지속된 옐로카드로 인한 레드카드, 유니콘의 퇴장

상대 회사 또는 사업부를 인수하는 전략은 스타트업이 스케일업을 통해 성장하는 과정에서 하나의 전략이 될 수 있다. 이 과정에서 상대 회사에 대해 자산과 부채를 구체적으로 살펴보는 재무실사와 미래 수익성을 평가하는 절차가 필요하다. 또한 스타트업 운영자는 재무제표에 대한 최소한의 지식과 실사보고서를 해독할 능력 정도는 보유해야 한다.

옐로모바일 여행사업부 '옐로트래블'에서 최고경영자를 역임했던 최정우 대표는 옐로모바일의 실패담을 다음과 같이 이야기한다

> 옐로모바일은 인수합병 과정에서 한 번도 실사를 진행한 적이 없으니까 말이다. 옐로모바일은 유니콘이 되기 전까지 M&A 과정에서 실사를 해야 한다는 사실을 몰랐다. 이것이 현실이었다.
> ― 최정우, 《스타트업은 어떻게 유니콘이 되는가》, 쌤앤파커스, 2020, 68쪽

> 회의 참석자들은 모두 매도자가 가져온 실사보고서를 뒤적였다. 그런데 어느 누구도 영업이익이 어디 붙어 있는지를 찾지 못하는 게 아닌가!
> ― 같은 책, 67쪽

> 우리는 기존 기업과 달리 빠른 의사결정을 합니다. 미팅 3번 만에 영업이익의 4배로 인수를 진행합니다.
>
> — 같은 책, 64쪽

이처럼 옐로모바일은 계열사를 인수합병하는 과정에서 투자를 위한 재무실사를 진행하지 않았고 실사보고서가 있어도 투자 의사결정을 담당하는 담당자가 해독할 능력이 없었던 것으로 판단된다. 인수 당시부터 계열사의 재무상태와 손익 현황을 제대로 파악하지 않았고 인수 이후에도 계열사의 재무제표를 제때에 보고받지 못했다. 기대했던 미래 수익에 대한 합리적인 추정을 할 수 없었다. 영업권에 대한 평가가 이루어지지 못한 것이다.

이로 인해 옐로모바일의 성적표인 재무제표는 자산으로 누적된 영업권이 비용으로 반영되어 손실이 증가했고 2020년과 2021년에는 성적표가 작성조차 되지 못했다. 옐로모바일은 2017년부터 5년 연속 감사의견을 거절당하는 등 실질적으로 존속이 불투명한 상태에 처하게 되었고 결국 2024년 폐업을 하기에 이르렀다.

투자를 통한 회사의 성장이 보고서에 기재된 숫자에 근거해서 이루어지는 것은 아닐지라도 경영활동을 통한 모든 증적은 재무제표에 남게 된다는 점을 숙지할 필요가 있다.

# 가치평가를 향한 회장님의 옥중서신

G사의 기업가치를 수행하고 있는 회계법인 앞으로 서신이 도착했다. 발송인은 G사 회장님. 당시 회장님은 회사가 매출을 부풀려 회계장부를 조작하고 이를 근거로 금융기관으로부터 사기성 대출을 받은 혐의로 구속된 상태였다. 편지의 주요 내용은 다음과 같다.

"회사는 경영정상화 방안을 열심히 이행하고 있습니다. 회계법인이 기업가치를 평가함에 있어 (계속기업가치가 청산가치보다 더욱 높게 산출될 수 있도록) 회사가 제시한 사업계획을 적극 반영해주실 것을 부탁드립니다."

G사는 어떤 사유가 있었기에 회장님이 옥중서신을 작성했고 회

사의 사업계획을 적극 반영해 기업가치를 산출해달라는 요청은 무슨 내용일까?

## ○ 죽느냐 사느냐 기로에 선 회사

G사는 매출 부진으로 부족한 운영자금을 조달하기 위해 매출을 부풀려 대출을 받아 영업을 이어오고 있었다. 금융기관으로부터 빌려온 차입금을 갚을 수 없을 만큼 재정적으로 어려운 상황에 처하게 되어 법원에 회생절차를 신청했다.

법원에서는 G사 회생신청에 대해 회사의 재무 상황과 경영분석, 채무자가 재정적 위기에 이르게 된 경위 등을 조사해 회생 여부를 결정한다. 회생개시를 결정할 경우 회생계획안을 토대로 회사가 재기할 수 있는 회생절차가 시작되고, 회생개시를 인가하지 않을 경우 회사의 파산선고를 내리게 되어 생명을 다하게 된다. 운명이 갈리게 된다.

법원이 회생개시 여부를 결정하는 판단요소 중 하나로서 청산가치와 계속기업가치를 비교하는 절차가 있다. 청산가치는 회사를 파산하고 청산할 경우 확보할 수 있는 가치로서 토지와 건물 등 회사가 가진 재산을 처분하고 갚아야 할 채무를 갚고 난 이후 남게 되는 순재산가치다. 계속기업가치는 회사를 청산시키지 않고 미래에 지속적으로 영업을 영위할 경우 예상되는 회사의 기업가치다. 이론적으로 청산가치가 계속기업가치보다 크다면 청산이 유리하고, 계속기업가치가 청산가치보다 크다면 회사의 생명은 연장된다.

회계법인은 회생절차를 신청한 G사의 청산가치와 계속기업가치를 평가하는 과정에 있었다. 회장님의 편지는 회사 생명이 연장되길 간절히 바라는, 즉 계속기업가치가 청산가치보다 더욱 크게 산정되길 기원하는 마음을 전달한 것이다.

## 기업가치는 어떻게 평가할 수 있을까

일반적으로 사용되는 기업 가치를 평가방법으로 현금흐름할인법(DCF, Discounted Cash Flow)이 있다. DCF 방법이라고도 흔히 표현되는 것으로 기업이 창출할 것으로 예상되는 미래현금흐름을 추정하고 현재 시점으로 할인한 값을 기업가치로 보는 것이다.

2024년을 기준으로 기업가치 평가를 할 경우 대략적인 방법을 살펴보면 다음과 같다.

**기업가치평가**(예시)

| 구 분 | 실제 | | | 미래 추정 | | | | |
|---|---|---|---|---|---|---|---|---|
| | 2022 | 2023 | 2024 | 2025 | 2026 | 2027 | 2028 | 2029 |
| 영업수익(①) | xx | xx | xx | xx | xx | xx | xx | xx |
| 영업비용(②) | xx | xx | xx | xx | xx | xx | xx | xx |
| 영업이익(③=①-②) | xx | xx | xx | xx | xx | xx | xx | xx |
| 법인세비용(④) | xx | xx | xx | xx | xx | xx | xx | xx |
| 세후영업이익(⑤=③-④) | xx | xx | xx | xx | xx | xx | xx | xx |
| 설비투자 등(⑥) | xx | xx | xx | xx | xx | xx | xx | xx |
| 잉여현금흐름(⑦=⑤-⑥) | xx | xx | xx | **xx** | **xx** | **xx** | **xx** | **xx** |
| 현금흐름 현재가치(⑧) | | | **xx** | <= 현재가치로 평가 후 합산 | | | | |

평가 시점에서 일반적으로 과거 3개년 재무정보를 기초로 미래 5개년 현금흐름을 추정한다. 영업수익(①, 매출액)과 영업비용(②, 매출원가 및 판매관리비)를 추정해 영업이익을 산출한다(③). 영업이익에 대한 법인세비용(④)을 고려해 세금 납부 후 영업이익(⑤)을 산출한다. 발생주의 이익에서 현금흐름 기준으로 조정이 필요한 항목은 추가로 고려해준다. 회사가 지속적인 사업 영위를 위해 미래 필요한 설비투자 등이 있을 경우 해당 예상지출 금액(⑥)을 차감해서 현금흐름을 구한다(⑦). 이 현금흐름은 미래 시점 금액이므로 적절한 할인율로 할인해 현재 시점의 가치를 산출한다.

현금흐름할인법에 의한 기업가치 평가는 불확실한 미래의 추정이 필요한데, 기본적으로는 회사의 실제 과거 손익 현황을 출발점으로 한다. 일반적으로 과거 3개년 영업수익과 영업비용 수준을 고려해 미래 5개년 손익을 추정한다.

평가를 수행하는 회계법인은 회사가 제시한 미래 사업계획을 준용해 평가에 반영하지만 해당 미래 추정치의 합리성에 대한 검토 과정을 거친다. 회사의 장밋빛 미래 예상손익이 그대로 반영되지는 않는다는 의미다. 미래는 불확실하지만 과거 실적과 회사가 속한 산업과 시장규모, 성장률, 이에 대한 예상 비용 등을 종합적으로 고려해 회사의 사업계획 실현가능성을 평가한다. 이러한 과정에서 평가 담당자와 평가대상 회사 간 이견이 존재하기도 한다.

## ○ 자산성 이슈에는 가치평가가 수반된다

현금흐름할인법에 의한 가치 평가는 회계의 자산성 이슈의 해결 과정에서 단골로 등장하게 된다. 상대 회사의 주식에 투자한 경우, 특허권 등 무형자산을 사온 경우, 상대 회사를 인수해 영업권이 발생한 경우에는 각각 투자주식, 특허권, 영업권이라는 자산으로 재무제표에 기재된다. 이러한 항목들은 자산성 검토가 필요하고 이들의 가치평가를 위해 실무적으로 현금흐름할인법이 주로 사용된다. 산정된 가치평가 금액만큼은 자산으로 계속 분류되지만 가치평가 금액을 초과하여 자산으로 인식된 금액은 비용으로 반영되어야 한다.

가치평가를 수행할 경우 평가 금액에 대한 합리성 확보가 중요하다. 투자자산, 영업권 등이 자산으로 기재된 회사가 회계감사를 받기 위해 영업권 평가 등을 외부평가기관(주로 회계법인)에 의뢰하고 이 평가 결과에 대해 회계감사를 수행하는 회계법인은 평가의 적절성에 대해 면밀히 검토한다. 이 과정에서 양 회계법인 간 서로 다른 의견으로 적정한 평가 금액이 쉽게 도출되지 않는 경우도 있다. 자산으로 분류된 금액이 비용으로 반영되는 금액의 크기에 따라 손익에 미치는 효과가 중요할 수 있기 때문이다.

## ○ 옥중서신의 운명은 어떻게 되었을까

계속기업가치가 청산가치보다 크게 산정되기를 바라는 회장님의 바람과는 달리 결과는 반대로 도출되었다. 회사의 사업계획 실현가능성을 검토하고 평가에 합리적으로 반영하는 과정에서 회사의 기대가 모두 반영되지는 않은 결과로 판단할 수 있다. 기업가치 평가의 객관성과 합리성을 확보하기 위해 회계법인 세 군데가 청산가치와 계속기업가치 평가 업무를 수행했고 평가 금액의 차이는 존재하지만 계속기업가치는 청산가치보다 약 절반 정도 낮은 수준이었다.

회계법인의 평가 결과는 G사의 청산절차에 가까웠지만 다행히도 다른 회사가 G사를 인수했고 인수대금을 기반으로 G사는 회생절차를 진행하게 되었다. 회장님의 옥중서신이 힘을 발휘한 탓일까? 천당과 지옥을 오간 G사는 각고의 노력 끝에 회생절차를 종결하고 경영정상화를 모색할 수 있었다.

기업가치 평가를 위한 핵심과 출발점은 적정하게 작성된 과거 재무제표다. 과거를 토대로 미래를 예상할 수 있기 때문이다. 회사는 이를 기본으로 실현가능한 미래 사업계획을 작성해야 한다. 옥중서신에 담긴 희망과 기대만으로는 부족하다. 불확실한 미래에 대해 최대한 객관성과 합리성을 가지는 예상손익을 토대로 이해관계자 간 거리를 좁히고 합리적인 가치평가 금액이 도출될 수 있다. 평가 결과가 때로는 기업의 생사를 판단하는 기준이 될 수도 있다.

# 숨은 지뢰 찾기
## : 가지급금

　대표이사는 회사 자금을 자신의 돈처럼 생각하는 경향이 있다. 회사는 자신의 것이므로 회삿돈도 당연히 내 것이다는 생각이 앞선다. 대표이사는 회사 자금을 회사 업무가 아닌 개인적인 용도를 위해 사용하기도 한다. 때로는 사용 용도가 명확하지 않은 경우도 있다. 돈에는 꼬리표가 없기 때문이다.

　이와 같이 대표이사가 인출해서 사용한 회사 자금은 재무제표 관점에서 어떠한 영향을 미치게 될까? 올바른 회계처리가 반영되지 않는다면 지뢰와 같은 폭탄이 될 수 있다. 비용이라는 폭탄이 터져 이익이 감소하고 손실이 증가할 수 있다. 폭탄은 눈에 잘 드러나지 않는 여러 가지 형태를 가지게 되어 지뢰와도 같다. 시간이 지날수록 폭파의 효과는 커진다. 경영자라면 한 번쯤 생각해볼 필요가 있다.

## ◐ 가지급금의 탄생

**복식부기, 가지급금 탄생**(예시)

| 복식부기 | | 가지급금의 탄생 | |
|---|---|---|---|
| 왼쪽(차변) | 오른쪽(대변) | 왼쪽(차변) | 오른쪽(대변) |
| 자산 | 부채, 자본 | 가지급금(②)    2억 원 | 현금(①)    2억 원 |
| 비용 | 수익 | | |

    대표이사가 회사 자금 2억 원을 인출해 사용한 경우 재무제표에는 어떻게 반영해야 할까? 복식부기 방법론을 떠올려보자. 거래를 자산, 부채, 자본, 수익, 비용으로 구분하고 정해진 위치에 기록하면 된다. 회사 입장에서 현금이 인출되어 자산이 감소했다. 자산의 감소가 기록될 위치는 원래의 자리 왼쪽의 반대편인 오른쪽이다(①). 왼쪽에는 무엇을 기재해야 할까? 해당 지출 내역을 파악해서 거래의 성격에 맞게 회계처리를 반영하면 된다. 대표이사가 회사 업무를 위해 비용을 지출했다면 해당 비용으로 왼쪽에 반영해야 한다. 이것이 적절한 회계처리다.

    그런데 여기서 문제가 발생할 때가 있다. 바로 대표이사가 인출한 자금의 사용 용도가 불분명한 경우다. 가장 흔히 일어나는 경우는, 대표이사가 개인적인 일에 회사의 자금을 쓴 경우다. 반면 대표이사가 업무를 위해 사용한 경우라도 사용 용도가 불분명한 경우도 존재한다. 이를테면 거래처에 판매장려금 등으로 지급하는 등 업무를 위해 사용했지만 거래 관행상 해당 거래 자료를 챙기지 못하는 경우가 그렇다. 이러한 경우 회사의 회계업무 담당자는 해당 자금의 정확한 사용 내역을 알 수 없다. 회사의 돈은 빠져나갔는데 반영해야 할 정확한 상대 계정을 확정할 수가 없는 것이다. 이런 경우 사용하는 항목이 '가지급금'이다. 자산의 감소가 기록된 오른쪽의 상대편 왼쪽에 우선은 '가지급금'이라는 자산 항목으로 기록해놓는 것이다(②).

'가지급금'은 실제 자금 지출은 있었지만 해당 용도가 확정되지 않아 임시로 처리해두는 계정이다. 이러한 가지급금은 '자산'으로 분류되고, 계정과목이 확정되는 경우 그 확정계정으로 대체해 정리해야 한다. 즉 가지급금은 재무제표에 임시로 나타나는 자산 항목으로서 결산 시점에는 해당 지출 내역에 맞게 반영되어 없어져야 한다. 앞의 예시에서 회계처리 담당자는 지출된 회사 자금 2억원의 정확한 사용 내역을 파악할 수 없어 왼쪽(차변)에 가지급금이라는 임시계정으로 재무제표에 반영한 것이다.

### ◎ 가지급금은 비용으로 폭발하는 지뢰가 될 수도 있다

자산으로 반영된 가지급금은 결산 시점에 사용 용도에 맞게 적절한 계정으로 반영되어야 한다. 앞서 언급된 것처럼 회사의 업무를 위해 비용으로 지출된 것이라면 자산으로 분류된 가지급금을 해당 비용 항목으로 분류해주면 된다(③). 이 경우 거래를 증명할 수 있는 자료를 구비해 놓아야 한다.

### 가지급금 정리

| 발 생 | 정 리 | 비 고 |
|---|---|---|
| 회사자금 지출을 가지급금 자산반영 | 비용(③) | 해당 거래자료 보관 필요 |
| | 주임종대여금(④) | 회사가 돌려받을 수 있을지 여부 검토 |
| | 선급금 등(⑤) | 거래의 실질과 맞는지? 자산성 여부 검토 |

    대표이사가 회사 자금을 인출했지만 구체적인 사용 내역을 알 수 없는 경우 회사 입장에서는 대표이사에게 돈을 빌려준 것으로 처리해야 한다. 법인사업자에게 회사의 돈과 대표이사 개인의 돈은 엄격히 구분되기 때문이다. 이 경우 자산으로 기재된 가지급금은 대표이사에게 빌려준 것으로 반영해 주임종대여금(주주, 임원, 종업원에게 빌려준 자금)이라는 항목으로 반영된다(④).

    여기까지는 부적절한 회계처리가 아니다. 가지급금은 임시 계정으로서 결산 시점에 적절하게 분류되었기 때문이다. 문제는 회사가 대표이사에게 빌려준 것으로 처리한 대여금이 자산성이 있는지 여부다. 해당 자금을 대표이사로부터 돌려받을 수 있는지에 대한 검토가 추가적으로 필요하다. 대표이사들은 회사 돈을 자신의 돈이라 생각해, 인출한 돈을 다시 갚아야겠다고 생각하지 못하는 경우가 많다. 이런 경우 장부에 자산으로 반영된 주임종대여금은 자산성이 없다는 의미로, 자산이 아닌 비용으로 반영되어야 한다. 그럼에도 대부분 회사는 자산 항목으로 남겨두는 경우가 있다. 이때가 바로 비용으로 폭발할 수 있는 지뢰가 탄생하는 순간이다.

일부 회사는 결산 시점에 가지급금을 거래의 실질과는 다르게 다른 형태의 자산 항목으로 분류하기도 한다. 임시계정은 없애고 어떻게든 비용이 아닌 자산으로 분류하려는 의도다. 이러한 용도로 자산 항목인 선급금이 이용되기도 한다(⑤).

선급금은 회사가 다른 회사로부터 물품 등 매입대금을 일부 미리 지급한 경우 동 금액 만큼은 미래에 물품으로 수령할 가치가 있으므로 자산으로 기재되는 항목이다. 대표이사가 인출해 사용한 자금을 다른 회사에게 물품대금을 미리 지급한 것으로 눈속임해 장부에 반영하는 것이다. 짐작할 수 있겠지만 이는 적절한 회계처리가 아니기 때문에 지뢰로 작용한다. 선급금뿐만 아니라 매출채권, 재고자산 등 다양한 형태의 자산에 지뢰를 묻어둘 수도 있다.

## ○ 지뢰제거반이 필요하다!

가지급금 형태로 출발해 주임종대여금의 자산 항목으로 분류된 이후 해당 대여금을 돌려받지 못해 자산성이 없는 경우, 거래의 실질과 일치하지 않음에도 가지급금을 거래처에 물품대금으로 미리 지급한 선급금 등의 자산 형태로 반영한 경우 해당 항목은 모두 자산이 아닌 비용으로 반영되어야 할 잠재 폭탄이 될 수 있다. 이는 향후 회계감사, 재무실사 과정 등에서 비용으로 분류되어 이익과 자산가치를 감소시키는 요인이 된다. 또한 가지급금은 세무상으로도 업무와 관련된 것으로 인정되지 않으므로 회사와 대표이사 모두 추가적인 세금 부담이 발생할 수 있다.

지뢰 폭발을 막기 위한 몇 가지 방안을 생각해보자. **우선 회사 통장의 돈은 대표이사 자신의 돈이 아니라는 인식을 명확히 해야 한다.** 대부분 가지급금은 회삿돈이 내 돈이라 마음대로 사용할 수 있다는 대표이사의 생각에서 탄생된다.

**둘째, 대표이사가 회사 자금을 인출하려면 적법한 절차를 거쳐야 한다.** 회사는 남이라고 생각해야 한다. 남의 돈을 가져오려면 차용증을 작성하고 빌려와야 한다. 회사와 대표이사 간에 대여금 약정서를 작성하고 이자율, 상환 기간 등을 명확히 기재해야 한다. 만약 대표이사가 회사에게 돈을 갚지 않는다면? 회사는 해당 대여금을 자산성이 없는 비용으로 반영해야 한다. 대표이사는 법적 처벌을 받을 수도 있다.

**셋째, 회사 자금이 인출되어 사용될 경우 거래 발생 시점에 해당 거래 자료를 취합해 즉시 회계처리에 반영해야 한다.** 거래 자료가 제대로 관리되지 않으면, 시간이 지날수록 담당자조차도 거래 발생 내역을 알 수가 없다. 이로 인해 임시 반영된 가지급금은 덩치가 불어나고 그만큼 적절한 계정으로 분류되지 않아 잠재 지뢰가 된다. 회계 담당자는 지뢰가 존재하는지 여부조차 파악할 수가 없는 것이다. 선급금과 대여금이라는 비용 폭탄의 탄생 또한 가지급금에 기인할 수 있음을 주지할 필요가 있다.

살펴본 바와 같이 가지급금은 탄생 이후 겉으로는 잘 드러나지 않는 다양한 자산의 형태로 재무제표에 자리하게 된다. 회사를 운영하는 경영자라면 지뢰의 탄생을 사전에 막고 이미 발생한 지뢰가 있다면 초기에 발견해 제거할 수 있도록 해야 한다. 재무제표를 들여다보고 지뢰를 찾아보자!

## 15 당신은 돈을 벌기 위해 태어난 사람 : 법인의 개념 고찰

인공지능 로봇 '소피아(Sophia)'를 개발한 데이비드 핸슨 박사는 2018년 발표한 보고서에서 "오는 2045년 내로 AI 안드로이드가 인간과 똑같은 시민권을 갖게 될 것"이라고 전망했다(박종익, "AI 소피아 개발자 '30년 내 인간과 로봇 결혼할 것'", 〈서울신문〉, 2018. 5. 27.). 만약 인공지능에 시민권이 부여된다면 인격 부여에 대한 특별법이 제정되어야 할 것이고, 자연스럽게 혼인도 성립하게 될지도 모른다. 이미 2016년 영국 런던 골드스미스대학에서 열린 로봇 관련 콘퍼런스에서는 2050년경이면 인간과 로봇 간 결혼이 합법화될 것이란 전망을 내놓기도 했다(최종일, "인간-로봇 결혼, 2050년경이면 합법화될 것", 〈뉴시스〉, 2016. 12. 26.). 만약 법으로 AI 로봇에게 인격을 부여한다면 2050년 미래의 어느 결혼식장은 이런 풍경일지도 모른다.

"신랑은 신부를 아내로 맞아 검은 머리 파뿌리 되도록 아끼고

사랑하겠습니까?"

"신부 AI 1호는 신랑을 남편으로 맞아 영원히 함께하겠습니까?"

## ◯ 법인의 탄생

인공지능에게 사람의 권리를 부여하는 것과 같이(아직 실현은 되지 않았지만), 법으로 인격을 부여하는 경우가 있다. 법인(法人)이다. 법인은 법에 의해 인간이 된 사람이다. 법인은 인공지능 로봇과 달리 얼굴과 형체도 없다. 인간과 대화도 하지 못하지만 사람이다.

우리가 살펴볼 법인은 영리법인이다. 영리법인은 돈을 벌 수 있는 권리와 의무를 법으로 부여받은 인간이다. 그렇다면 법인은 왜 탄생하는 것일까? 나는 2018년에 발행한 《알아두면 돈 되는 1인 기업 세무과외》(베가북스)에서 법인의 탄생 과정과 법인의 탄생 목적을 '법인격 부여 인터뷰' 형식을 빌려 다음과 같이 쓴 적이 있다.

"왜 사람이 되려고 하나요?"

"돈을 벌기 위해서입니다."

"돈은 왜 필요한가요? 당신은 형체가 없으니 (사람이 된다고 해도) 돈이 필요 없지 않나요?"

"맞습니다. 저에게는 돈이 필요 없습니다. 저를 사람이 되게 해 주시면 저를 위해 일한 사회구성원들에게 제가 번 돈을 아낌없이 나누어주고자 합니다."

"당신이 말하는 사회구성원들은 누구인가요?"

"저를 위해 일하는 대표이사 이하 임직원들입니다. 이들에게 많은 소득을 나누어 드려 이들의 삶의 질을 높이는 것이 첫 번째 목표입니다. 또한 저의 이익만을 추구하지 않고 수익창출에 기여한 많은 협력회사들의 이익창출에도 노력하겠습니다. 이를 통해 사회 구성원들이 배분받는 소득 또한 증가될 것입니다."

"남는 돈이 있다면 새로운 기술 개발과 일자리 창출에 매진해 궁극적으로 국가경제 발전에 이바지하겠습니다. 물론 기회를 주신 국가에게도 일정 부분 사례금을 납부하지요."

"믿어도 되겠습니까?"

"나 이 사람, 한번 믿어주이소!"

"좋습니다. 인간의 기회를 드리겠습니다. 선서를 하시고 열심히 살아보세요. 축하드립니다!"

— 박순웅, 《알아두면 돈 되는 1인기업 세무과외》, 베가북스, 108~109쪽

## ◐ 탄생에는 다 이유가 있다

법인의 탄생 이유는 한마디로 인간의 삶을 윤택하게 해서 우리의 살림살이를 조금 더 나아지게 하는 것이다. 법인은 창출한 수익을 임직원에게 나누어 주어야 한다. 법인은 얼굴과 형체가 없으므로 돈이 필요 없기 때문이다. 또한 법인에게 남은 잉여자금이 있다면 새로운 투자와 고용 창출에 사용해서 경제발전에 기여해야 한다. 이것이 법이 인간의 권리를 부여해서 새로운 사람을 탄생시킨 취지다.

법인세는 자신에게 생명을 부여해준 국가에게 최소한의 대가를 지불하는 개념으로 이해할 수 있다. 법인세는 법인의 소득에 대해 일정 법인세율만큼의 세금을 납부하는 것이다. 참고로 법인사업자에 대한 법인세율이 개인사업자에 대한 소득세율보다 낮다.

## ◐ 법인은 지켜야 할 의무가 있다

법인이 생명을 부여받은 대가로 부담해야 할 의무도 있다. 인터뷰를 마치면서 법인은 다음과 같이 선서한다.

① 내가 벌어들이는 "모든 소득"에 대해 세금을 성실히 납부하겠습니다.
② 이를 위해 진실한 "장부기장"을 하겠습니다. 당근(당연히) 복식부기입니다.
③ 법인소득 창출에 기여한 구성원들에게 이익을 아낌없이 배분하여 그들의 소득증가에 기여하겠습니다.
④ 법인세율을 인하해주신다면 잉여자금을 투자와 고용 창출에 사용하여 경제 발전에 기여하겠습니다.

- 같은 책, 109쪽

법인은 자신이 창출한 이익을 본연의 사람인 구성원들에게 나누어주어야 한다. 이를 위해 기초가 되는 것이 진실한 회계장부 작성이다. 법인사업자는 모두 복식부기 방법론에 의한 재무제표를 작성해야 한다. 법인이 창출한 수익과 사회 구성원들에게 배분된 비용들이 모두 정확하게 재무제표에 반영되어야 하고 이를 토대로 국가에 납부해야 할 법인세가 정해진다. 참고로 이와는 달리 개인사업자는 업종과 매출 규모에 따라 복식부기 장부작성 의무대상자 여부가 나누어진다.

## ◎ 법인과 대표이사는 어디까지나 '남남'이다

법인이 자신에게 부여된 의무를 수행하기 위해 가장 유의해야 할 한 가지를 뽑으라면 무엇일까? 법인의 돈은 법인을 운영하는 대표이사의 돈이 아니라는 점이다. 대표자가 유의해야 할 내용이다. 법인은 말도 할 수 없고 행동도 할 수 없는 존재이지만 법으로 사람의 자격을 인정받은 별개의 사람이다.

신장섭 교수는 《기업이란 무엇인가》(북스코프, 2020)에서 기업의 주인은 기업 자신이라고 이야기한다. 법인 형태의 기업은 누구의 것도 아닌 별도의 인격체라는 것으로 이해할 수 있겠다. 대표이사 자신이 법인의 지분을 모두 소유한 경우라도 법인과 자신은 별개의 존재인 남남이다. 남의 돈을 함부로 가져오면 불법이다. 법적인 책임을 져야 한다. 대표이사가 법인의 자금을 자신의 돈이라 여겨 적법한 절차 없이 인출해서 사용한다면 이 또한 불법이다.

대표이사가 정확한 사용 용도를 알 수 없이 회사 자금을 인출해 사용하는 경우 회사 재무제표에는 가지급금이라는 자산 항목의 형태로 흔적을 남긴다. 이후 다른 형태의 자산 항목으로 분류되기도 한다. 이러한 가지급금은 진실한 복식부기 장부작성이라는 법인의 선서를 어기게 된다. 자산으로 분류된 가지급금은 재무제표를 왜곡시키고 미래에 비용으로 분류되어 재무구조를 악화시킬 수 있다. 세무상으로도 업무와 무관한 지출로 간주되어 추가적인 세금을 부담할 위험을 내포하고 있다.

### Q 법인의 돈을 합법적으로 가져오려면?

대표이사가 법인 자금을 수령하기 위해서는 법인이 구성원에게 이익을 분배하는 적법한 과정을 거쳐야 한다. 대표이사는 임원으로서 정해진 급여와 상여를 법인으로부터 수령해야 한다. 대표이사가 주주인 경우에는 법인에 남은 이익에 대해 배당을 통해 자금을 수령할 수도 있다. 법인과 대표이사 자신은 별개의 존재이며 법인의 돈은 자신의 돈이 아님을 다시 한번 명심해야 한다.

법인사업자는 법인의 선서를 다시 한번 돌아보고, 아직 선서를 하지 않은 법인사업자라면 지금 법인의 선서를 하자. 돈을 벌기 위해 태어난 법인을 사람으로 존중하고 우리 삶을 윤택하게하는 동반자로서 동행해보자.

# 16. 폭탄의 종류는 다양하다
## : 선급금, 대여금

H사는 20××년 재무제표에 대해 회계법인으로부터 회계감사를 받았는데, 감사보고서에는 다음과 같은 문구가 기재되어 있었다.

> **감사의견**
>
> 우리의 의견으로는 회사의 재무제표는 회사의 20XX년 12월 31일 현재의 재무상태와 같은 날 종료되는 보고기간의 재무성과 및 현금흐름을 일반기업회계기준에 따라 중요성의 관점에서 공정하게 표시하고 있습니다.
>
> **계속기업 관련 중요한 불확실성**
>
> 20XX년 12월 31일로 종료되는 보고기간에 ①주임종단기대여금

> 은 60억 원이고 특수관계자에 대한 선급금은 50억 원이며 전기와 비교하였을 때 감소하지 않아 이에 따른 회수가능성에 대한 불확실성이 존재하고, ② 단기차입금은 60억 원으로써 유동성위험에 노출되어 있음을 나타내고 있습니다. ③ 이러한 사건이나 상황은 계속기업으로서의 존속 능력에 유의적인 의문을 제기할 만한 중요한 불확실성이 존재함을 나타냅니다.

회계법인은 회계감사 종료 후 결과를 감사의견으로 감사보고서에 기재하는데, H사는 앞 페이지와 같은 의견을 받은 것이다. H사 재무제표는 기업회계기준에 따라 공정하게 표시하고 있다고 하니 큰 문제는 없을 것으로 생각되기도 하지만 계속기업 관련 불확실성 문구를 보면 무언가 문제가 있다는 것으로 여겨진다. H사 재무제표에 대해 회계법인은 어떤 판단을 했고 감사보고서에 기재된 감사의견과 계속기업에 대한 불확실성이라는 문구는 무엇을 의미하는 것일까?

## 자산의 절반을 차지하는 대여금과 선급금, 돈이 될까

H사 재무제표를 살펴보자. 재무상태표에 기재된 자산은 230억 원이고, 이 중에서 회계법인이 주목한 부분은 주임종단기대여금 60억 원과 선급금 50억 원이다. 자산으로 표시된 두 항목의 합계는 110억 원으로 자산총계 230억 원 대비 48% 수준으로 거의 절반을 차지한다.

**재무제표**(H사) (단위 : 억원)

| 재무상태표 | | 손익계산서 | |
|---|---|---|---|
| 주임종단기대여금 | 60 | 부채합계 | 150 |
| 선급금 | 50 | 단기차입금 | 60 |
| 기타자산 | 120 | 장기차입금 | 20 |
| | | 기타부채 | 70 |
| 자산합계 | 230 | 자본합계 | 80 |

'주임종단기대여금'은 회사가 주주와 임원 또는 종업원에게 돈을 빌려주었을 경우 기재하는 표현이다. 그래서 '주임종(주주, 임원, 종업원)단기대여금'이라고 부른다. 회사의 자금을 이들에게 빌려주었을 경우 약정된 기일에 다시 돌려받을 돈이므로 회사는 주임종단기대여금을 경제적으로 가치 있는 자산으로 판단해 자산으로 분류한다.

'선급금'은 회사가 다른 회사로부터 상품, 원재료 등 물품을 매입하거나 용역을 제공받을 때 대금의 일부를 미리 지급한 경우 재무상태표에 표시한다. 선급금으로 표시된 금액만큼은 회사가 거래상대방에게 미래에 물품으로 수령하거나 용역을 제공받을 권리가 있으므로 경제적 가치가 있는 자산으로 분류한다.

주임종단기대여금과 선급금 항목을 검토할 때는 두 가지 주요 사항이 있다.

**첫째, 거래 발생 원인이다.** 회사가 자금을 적절한 절차를 통해 대표이사에게 실제로 대여했는지, 자금 대여 및 상환조건에 대한 구체적 내용을 살펴본다. 선급금 또한 상대방과 정상적인 거래를 통해 발생한 것인지 거래 성격을 우선적으로 파악한다.

**둘째, 자산성 평가다.** 회사가 대표이사에게 빌려준 돈을 정해진 시기에 돌려받을 수 있을지, 거래상대방에게 미리 지급한 선급금에 해당하는 금액만큼 물건을 제대로 수령할 수 있을지에 대한 여부를 검토한다.

## ○ 회계법인의 자산성 검토 결과는 부정적

회계 담당자에 의하면 재무제표에 표시된 주임종단기대여금은 회사 자금을 대표이사에게 빌려준 돈이라 했고, 선급금은 거래처로부터 물품을 매입하면서 매입대금을 미리 지급한 것이라 설명했다. 대표이사 대여금은 대표이사로부터 조금씩 상환받고 있으며, 선급금은 거래처와의 매입거래에 따라 정산이 이루어지고 있다는 의견이 이어졌다.

회사의 설명과 달리 회계법인은 대표이사 대여금과 선급금에 대한 자산성이 높지 않다고 판단했는데 어떤 이유로 그런 판단을 내린 것일까?

**첫째, 대표이사 대여금과 선급금 거래 발생 사실을 확인할 수 있는 서류가 없었다.** 회사는 회계감사를 위해 대여금에 대한 약정서와 거래처와의 거래내역을 확인할 수 있는 물품매입 계약서, 주문서, 대금청구서 등을 제시해야 한다. 관련 문서가 없다면 회계법인은 해당 대여금과 선급금이 실제 발생한 금액이라고 판단할 수 없다. 일부 회사는 비용 성격으로 지출된 금액을 손익계산서 비용으로 반영해야 함에도 불구하고 선급금이라는 자산으로 표시하는 경우도 존재하기 때문이다. 따라서 회계법인은 자산으로 표시된 해당 금액의 발생 원천이 자산이 아닌 비용 성격에 가까울 것으로 판단한 것이다.

**둘째, 동 금액은 발생 시점 이후 거의 변동이 없이 매년 재무상태표에 표시되어 왔다.** 주임종대여금 60억 원과 선급금 50억 원은 발생 시기가 대략 3~5년 전부터 시작해 현재까지 누적된 금액이었다. 회계 담당자도 건별로 발생 내역을 파악할 수 없었고 상기 과거 거래에 대한 원천자료가 제대로 관리되지 않았다. 대여금 회수 및 선급금에 대한 물품대금 정산이 제대로 되지 않았다는 말이다. 회계법인이 자산성이 없다고 판단한 주요 원인이다.

**셋째, 선급금 거래상대방은 회사와 특수관계자에 해당하는 회사였다.** H사 대표이사와 친인척이 거래상대방 회사의 대표이사 또는 주요 경영진이었다. 특수관계자와의 거래는 회계감사 등 재무제표 검토 시 주의를 요한다. 제삼자와의 일반적인 거래에 비해 상호 간 거래 가격을 조정할 수 있고 또한 거래내역을 조작할 수도 있는 환경에 놓이기 때문이다. 거래내역을 확인할 수 있는 자료가 없는 상황에서 특수관계자에 대한 선급금은 정상적인 거래의 결과로 기재한 것이라고 판단되기 어렵다.

결국 회계법인은 회사가 자산으로 인식한 주임종대여금과 선급금이 거래 발생 사실을 확인할 수 없고 또한 회수 가능성이 낮아

비용으로 인식되는 것이 타당하다고 판단한 것이다

## ○ 회사와 회계법인의 다른 판단

회계법인은 검토 내역을 근거로 주임종대여금과 선급금에 대해 자산이 아닌 비용으로 재무제표를 수정할 것을 회사에 권고했다. 하지만 회사는 자료 관리가 미비하지만 해당 항목이 정상적인 거래로 발생했고 자산성이 있음을 주장하며 회계법인의 권고사항을 반영하지 않았다.

이처럼 재무제표 검토에 있어 자산성 평가는 상호 간 이견이 존재한다. 명확한 판단이 쉽지 않은 경우가 많다. 이러한 경우 회계법인은 회사의 주장을 일부 수용하되 감사보고서에 해당 내용을 기재하게 된다.

감사보고서 문구를 다시 살펴보자. 이를 감사보고서 강조사항이라 표현한다.

①번 내용은 회사가 자산으로 기재한 110억 원에 대한 회수가능성에 불확실성이 존재하니 회사 재무제표를 이용하는 은행 등 정보이용자는 이러한 내용을 참고하라는 뜻이다.

②번 내용은 회사가 1년 내에 갚아야 할 돈이 60억 원인바, 회사가 자산으로 표시한 단기대여금과 선급금이 회사의 계획대로 회수되지 않는다면 회사의 현금보유 수준을 고려했을 때 차입금을 갚지 못할 위험이 존재한다는 뜻이다. 유동성 위험은 자금이 부족한 위험을 의미한다.

③번은 한마디로 회사가 망할 수도 있다는 의미다. 자산이 비용으로 반영되어 재무와 손익 현황이 악화되고 추가 자금조달이 어렵게 되고 은행 차입금을 갚지 못하고 회사를 운영할 자금이 부족하게 된다면? 회사는 더 이상 생존할 수 없게 된다.

## ○ 폭탄이 될 수도 있는 자산

재무상태표에 표시된 자산은 언제나 비용으로 판단될 수 있다는 점을 유의해야 한다. 나는 이러한 상황을 '자산이라는 뇌관이 비용으로 발화될 수 있는 폭탄'이라고 표현한다. 20××년 회사의 당기순이익은 10억 원이었다. 만약 주임종단기대여금과 선급금 110억 원이 자산이 아닌 비용으로 수정된다면? 당기순이익 10억 원은 당기순손실 100억 원(10억 원-110억 원)이 되고, 자본은 80억 원에서 -30억 원이 된다. 손실이 발생하고 순재산이 마이너스인 회사가 되는 것이다.

H사가 다음 연도에 회계감사를 받을 경우 올해와 동일한 금액의 주임종단기대여금과 선급금이 자산으로 반영되어 있다면 회계법인으로부터 자산성 검토로 인해 자산이 아닌 비용으로 또 다시 수정을 권고받을 확률이 높다. 올해의 감사의견은 적정의견이었고 강조사항이 기재되었지만 다음 연도의 감사의견은 적정의견이 아닌 비적정의견이 나올 수도 있다. 그럴 경우 자산의 뇌관이 더 이상 버티지 못하고 비용으로 점화될 수 있다. 특히 은행에 갚아야 할 단기차입금 60억 원은 폭탄 발화에 촉매제 역할을 하게 될 것이

다.

결국 H사는 다음 연도 이후 2년 연속 동일한 회계이슈로 인해 회계감사 의견거절을 받게 되었고 폐업 절차를 준비 중이다. 올해 감사보고서에 강조사항으로 기재되었던 주임종단기대여금과 선급금은 회수되지 않았고 거래에 대한 증빙 또한 구비할 수 없었다. 재무상태표 자산항목으로 표시된 해당 금액의 실질은 외부로 유출된 회사자금으로 더 이상 회수가능성이 없는 비용 폭탄이었던 것이다.

# 17 매출 인식도 타이밍이 있다

I사 회계 책임자는 20×1년도 결산을 진행 중이다. 재무제표를 작성하고 회계법인에게 제출해서 회계감사를 받아야 한다. 작년에 손실을 경험한 대표이사는 올해는 당기순이익을 희망하고 있다. 주주들에게 영업 성과를 보고해야 하고 은행으로부터 차입금도 조달해야 한다. 가능하다면 외부 투자자들로부터 추가 투자 유치도 고려 중이다. 이익을 내야 하는 중책을 I사 회계 책임자가 맡게 됐다. 20×1년 재무제표에는 이익이 발생했을지, 회계감사 결과는 어떻게 되었을지 살펴보자.

## ○ 이익을 내기 위한 타이밍 조절 : 회계에서는 불인정

I사 회계 책임자는 난관에 봉착했다. 결산을 마감하고 회계법인에게 제출하기 위한 재무제표를 작성하는 과정에서 손익계산서상

손실이 발생했기 때문이다. 여러 가지 복식부기 비법을 떠올리던 그는 회사의 수익을 늘려서 인식하는 방법을 택했다. 존재하지 않는 가공 매출을 인식하는 것은 아니다. 다음 연도에 인식할 매출을 올해로 앞당겨 인식하고자 하는 것이다.

구체적인 방법은 다음과 같다. I사는 레이저 기계설비 시스템을 제작해서 공급하는 회사로, 고객으로부터 주문을 받으면 고객이 요구하는 기계설비를 제작하고 고객이 사용 가능하도록 설치해 주는 형태다. 업무 수행 기간은 두 달에서 세 달이 소요되고 기계를 제작해서 납품과 설치를 완료하고, 최종적으로 고객이 이상 없음을 확인하는 검수 시점에 업무는 마무리된다. 대금은 착수금, 중도금, 잔금 형태로 수령한다.

[거래구조 예시]

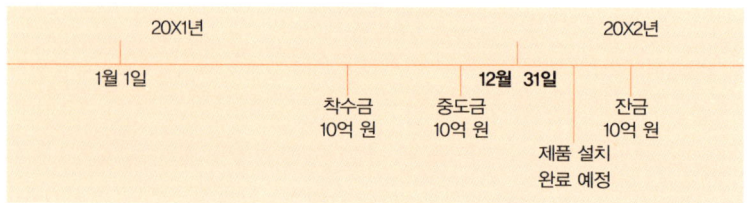

I사가 고객과 체결한 계약에 따라 착수금과 중도금을 20x1년 수령했고 20×1년 12월 31일까지 제품 납품과 설치는 완료되지 않았다. 제품 납품 및 설치는 다음 연도 초인 20×2년 1월에 이루어질 예정이다. 물품공급계약서에 의하면 제품을 설치하고 고객이 최종적으로 OK 사인을 보내는 검수 완료 시점에 I사의 의무는 종

료된다. 즉 제품 납품과 설치 완료 및 검수 완료 시점인 20x2년에 I사의 수익창출 활동이 종료되고 이 시점에서 매출을 인식해야 한다.

I사 회계 책임자는 이와 같이 회계연도 말 시점에 제품 납품 및 설치가 완료되지 않았으나 계약금액 합계 약 30억 원에 대해서 20×1년도에 매출로 인식하는 방법을 택한 것이다. 이를 위해 거래상대방과의 협의를 통해 물품대금 30억 원을 청구하는 세금계산서를 20×1년도에 발행했다. 그 결과 20×1년 재무제표상 당기순이익이 발생했고 이를 회계법인에게 제출했다.

## ○ 회계상 수익 인식을 위한 올바른 타이밍이 있다

결과적으로 I사는 20×1년 회계감사를 받으며 손익계산서에 인식한 매출액 30억 원 상당액을 20×1년이 아닌 제품 설치 및 검수 완료 시점인 20×2년도에 인식하도록 재무제표 수정 권고를 받았다. 손익계산서에 이익이 표시되길 바라는 I사 대표이사와 회계 책임자의 기대가 이루어지지 않았다. 회사는 상기 계약 관련 설비 시스템 납품과 설치를 위한 절차가 20x1년에 거의 완료되었고 법적인 세금계산서도 이상없이 발행되었다는 이유 등을 근거로 20×1년도에 매출을 인식할 수 있음을 주장했지만 받아들여지지 않았다.

판단 기준은 기업회계기준에 있다. 기업회계기준상 수익을 인식하기 위한 기준이 있다. 이를 수익 인식기준이라고 한다. 매출액을 언제 인식할지에 대한 내용을 살펴보자. 물품을 판매하는 경우 판매활동이 완전히 종료되고 해당 소유권이 상대방에게 완전히 넘어가는 시점에 매출을 인식한다. 일반적으로 물품 인도 시점이 적용되며 I사와 같이 물품 설치와 검사 조건부 판매인 경우에는 설치와 검사가 완료된 시점이다. 일정 기간 용역을 제공하는 거래의 경우 용역작업 진행 정도에 따라 용역 제공 기간 동안 매출을 인식한다. 소프트웨어 유지보수 용역을 제공하는 경우 유지보수 기간에 걸쳐 매출을 인식해야 한다. 이처럼 거래 유형별로 거래상대방과의 매출계약서와 회계기준에 따른 매출 인식 시점을 고려해서 재무제표에 반영해야 한다.

## ◯ 수익 인식을 위해 유의할 사항들

매출 인식과 관련해서 주의해야 할 사항을 알아보자.

**첫째, 매출 대금 수령 여부와 매출 인식 여부는 무관하다는 것이다.** 매출 대금을 수령했더라도 수익 인식 시점을 충족시키지 못하면 매출로 인식해서는 안 된다는 것이다. 이 경우 매출이 아닌 선수금 계정을 사용한다. 선수금은 미리 받은 돈을 의미하며 복식부기 거래 분류상 부채로 구분된다. 미리 받은 돈만큼 수익 인식 시점을 충족시킬 때까지 재화 또는 용역으로 제공해서 갚아야 한다는 의미로 이해하면 된다. I사의 경우 수익 인식 기준인 검수 완료 시점 이전에 수령한 매출 대금 해당액(착수금 10억 원과 중도금 10억 원)은 매출이 아닌 선수금으로 인식해야 한다.

**둘째, 물품이나 용역을 상대방에게 공급하고 세금계산서를 발급했다는 사실만으로 회계상 매출을 인식할 요건을 충족시키지는 못한다는 점이다.** 세금계산서는 부가가치세법에 의해 거래 발생 시 의무적으로 사업자 간 주고받는 서류로서 거래의 발생 사실을 입증할 수 있는 하나의 근거자료는 될 수 있지만 앞에서 살펴본 회계의 수익 인식 기준과 일치하지 않을 수도 있음을 유의해야 한다. I사의 경우 20×1년에 30억 원에 해당하는 매출 세금계산서를 모두 발행했지만 20×2년 회계상 수익 인식 기준이 충족되기 전에는 매출로 인식되지 못한다. 또한 세금계산서를 발행한 경우라 하더라도 거래의 실질이 매출에 해당하지 않는 경우에는 매출로 인식될 수 없는 경우도 있음을 상기할 필요가 있다. 세금계산서는 회계상 매출인식 조건이 아님을 유의하자.

**셋째, 매출 인식을 위해서는 관련 거래 자료들을 토대로 기업회계기준상 수익 인식 기준에 부합하는지를 검토해야 한다.** 수주품의서, 발주서, 견적서, 계약서, 거래명세서, 세금계산서, 납품확인서, 검수확인서와 같은 거래서류들을 보관해야 하고 이 자료들을 종합적으로 검토해 거래의 실질에 따라 매출액이 회계기준에 부합하는 시점에 인식될 수 있도록 재무제표에 반영해야 한다. 특히 I사 사례와 같이 회계연도 말 시점에 거래가 완료되지 않은 계약들에 대해서는 매출 인식 시점에 따라 연도 간 손익이 달라지므로 수익 인식 기준을 검토할 때 특히 유의할 필요가 있다.

참고로 I사의 최초 회계처리와 수정 권고사항을 반영한 올바른 회계처리는 다음과 같다.

**I사의 최초 회계처리 & 수정 권고사항 반영 회계처리**(단위: 억 원)

| 구 분 | 최초 회계처리 | | | | 올바른 회계처리 | | | |
|---|---|---|---|---|---|---|---|---|
| | 왼쪽(차변) | | 오른쪽(대변) | | 왼쪽(차변) | | 오른쪽(대변) | |
| 20X1. 착수금 수령 | 현금 | 10 | **매출** | 10 | 현금 | 10 | 선수금 | 10 |
| 20X1. 중도금 수령 | 현금 | 10 | **매출** | 10 | 현금 | 10 | 선수금 | 10 |
| 20X1.12.31 | 매출채권 | 10 | **매출** | 10 | 회계처리 없음 | | | |
| 20X2. 납품/검수 완료 (잔금 수령) | 현금 | 10 | 매출채권 | 10 | 현금 | 10 | **매출** | 30 |
| | | | | | 선수금 | 20 | | |
| | ☞ 20X1년에 매출 30억 원 인식 | | | | ☞ 20X2년에 매출 30억 원 인식 | | | |

I사는 수익인식 기준을 검토할 수 있는 예방주사를 미리 맞은 덕분에 20X2년에는 매출을 인식할 수 있는 올바른 타이밍을 잡을 수 있을 것이다. 회사가 성장하고 매출이 증가할수록 매출인식 기준에 대한 검토는 중요한 이슈가 될 수 있다. 우리 회사의 매출 인식 타이밍은 언제인가 생각해 보자.

## 18. 이익은 같지만 매출이 다르다
: 수익인식 총액·순액 이슈

　J사는 중고의류 판매 플랫폼 서비스를 제공하는 기업이다. 설립 3년 차로 초기에 경험했던 손실에서 벗어나 올해 매출 10억 원과 당기순이익을 실현했다. 재무 현황이 법정 회계감사 대상은 아니지만 자금을 투자한 주주들의 요구로 재무제표에 대한 회계감사를 받게 되었다. 회계감사를 잘 마무리하고 다음 연도에는 더욱 성장해 후속 투자 유치도 계획 중이다.

　대표이사는 회계법인으로부터 회계감사를 받는 과정에서 J사 매출은 10억 원이 아니라 1억 원으로 수정되어야 한다는 권고사항을 받았다. 힘들게 창출한 매출 10억 원이 10분의 1 수준이 되어야 한다니, 회계적으로 어떤 이슈가 발생한 것일까?

## ○ 부풀려진 매출액과 비용 : 수익인식 총액·순액 회계이슈

우선 J사의 거래구조를 살펴보자.

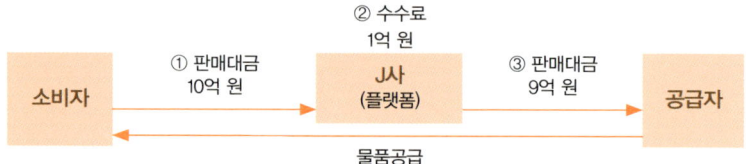

소비자가 J사 플랫폼을 통해 물품을 주문하면 공급자는 소비자에게 해당 품목을 공급한다. K사는 소비자가 결제한 판매대금 10억 원을 수령하고(①), 거래 중개수수료 1억 원(②, 거래금액의 10% 가정)을 차감한 판매대금 9억 원을 공급자에게 정산해 지급한다(③). 이 경우 J사는 수익(매출)과 비용을 얼마로 인식해야 할까? 두 가지 방법이 있다.

**J사 수익비용 인식 방법**(단위 : 억 원)

| 구 분 | 방법1 | 방법2 |
|---|---|---|
| 수익(매출) | ① 10 | ② 1 |
| (−)비용 | ③ 9 | 0 |
| 이익 | 1 | 1 |
|  | 최종 이익은 동일 ||

첫 번째는 J사가 소비자로부터 수령한 10억 원(①)을 매출로 인식하고 공급자에게 지급한 9억 원(③)을 비용으로 인식하는 방법

이다. 이익은 수익에서 비용을 차감한 1억 원으로 산출된다.

두 번째는 J사가 수령한 판매대금 10억 원에 플랫폼 중개수수료율 10%를 적용한 1억 원(②)만큼을 수익으로 인식하는 방법이다. 비용으로 인식할 금액은 없으며 이익은 1억 원으로 산출된다. 결국 중개수수료만을 수익과 이익으로 인식하는 방법이다.

첫 번째 방법을 수익과 비용을 총액으로 인식하는 방법으로 총액법이라 하고, 두 번째 방법을 순액으로 인식하는 방법으로 순액법이라 표현한다. 총액법과 순액법 모두 이익은 1억 원으로 동일하다. J사 대표이사는 두 방법 모두 이익에 미치는 영향은 동일하므로 문제가 없다는 생각이 들어서 첫 번째 방법을 적용했던 것이다. 그렇다면 이때 무엇이 문제가 될까?

## ○ 주연이냐 조연이냐에 달렸다

우선 총액법과 순액법 중 J사의 매출을 인식할 기준을 결정해야 한다. J사가 중고의류 판매 거래에 있어 어떤 역할을 수행하는지가 핵심 판단사항이다. J사가 해당 거래의 주체로서 행동한다면 수익을 방법 1에 의한 총액법으로 인식해야 한다. 만약 J사 중고의류 판매활동에 있어 보조적인 역할만을 수행한다면 방법 2와 같이 거래의 보조적 행위인 판매중개 플랫폼 서비스 제공에 대한 수수료 1억 원만을 수익으로 인식해야 한다.

기업회계기준에서는 이를 기업이 본인으로서 활동하는지 또는 대리인으로서 활동하는지를 결정해야 한다고 규정하고 있고 이에 대한 주요 판단지표 두 가지를 제시한다.

- 기업이 거래의 당사자로서 재화나 용역의 제공에 대한 주된 책임을 부담한다.
- 기업이 재고자산에 대한 전반적인 위험을 부담한다.

회계법인은 고객에게 물품을 제공하는 주체는 공급자이며, J사는 중고의류 판매거래의 대리인으로서 활동한다고 판단했다. J사는 소비자가 주문을 하고 공급자가 소비자에게 물품을 공급할 수 있도록 중개서비스만을 제공하는 보조적 역할을 한다. 물품에 대한 공급 책임과 판매 후 상품이 반품되었을 경우 재고에 대한 부담은 J사가 아닌 공급자가 부담한다. 따라서 J사는 해당 거래에 대해 총액법이 아닌 순액법으로 적용해야 한다고 판단하고 재무제표 수정을 권고한 것이다.

순액법으로 인식해야 할 거래를 총액법으로 인식한 회계처리는 이익은 동일하다 할지라도 수익과 비용을 과다하게 인식한 회계오류에 해당한다. J사는 해당 거래에 대해 권고사항을 받아들여 방법1에 의해 작성된 재무제표를 방법2를 적용해서 수정했다. 그 결과 매출액이 10억 원에서 1억 원으로 10분의 1 수준이 되어 버린 것이다.

### ◎ 수익을 총액법으로 인식하고자 하는 이유

회사는 일반적으로 수익 인식에 대해 총액법 적용을 선호하는 데 이유가 있다. 각 방법에 따른 이익은 동일하더라도 기업의 외형인 매출액 규모를 크게 보이고자 하는 경우다. 매출액은 기업 시장 점유율을 결정하고 시장잠재력이나 시장지배력을 평가할 수 있는 중요한 지표가 되기 때문이다. J사의 경우 두 방법에 따라 매출액 10억 원 규모의 회사인지, 매출액 1억 원 규모의 회사인지가 결정되는 것이다.

손익계산서의 출발점이 되는 매출액을 인식함에 있어 기업 경영자는 아래의 사항에 대해 유의할 필요가 있다.

**첫째, 매출액을 인식할 때는 회사의 본업이 무엇인지를 염두에 두어야 한다.** 매출은 회사 본연의 영업활동으로부터 창출되는 것이다. J사는 중고의류 판매업이 아닌 해당 거래 중개를 위한 플랫폼 서비스를 제공하는 회사다. 따라서 J사 매출은 의류 판매대금이 아닌 서비스 제공수수료가 되어야 한다. 즉 매출을 순액법으로 인식해야 한다.

**둘째, 위에서 살펴본 수익 인식 총액법과 순액법 적용을 위한 회계기준을 숙지하고 판단해야 한다.** 이 경우 중요한 참고기준이 되는 것은 상대방과의 거래계약서다. J사와 중고의류 판매자 간에는 거래에 대한 세부 요건이 규정된 약정사항이 존재한다. 거래에 있어서 양 당사자의 역할, 물품공급 수행 주체, 반품에 대한 재고부담, 대금 수수관계 등 상호 간 협의된 계약서를 기초로 회계기준에 따른 판단을 수행해야 한다. 기본적인 판단사항은 거래상대방과의 계약서에 의해 정해진다. 더욱 유의할 점이 있다. 계약서에 기재된 내용과 거래의 실질이 다른 경우에는 경제적 실질에 따라 판단해야 함을 유념할 필요가 있다. 계약서를 기준으로 판단할경우 총액법을 적용해야 함에도 불구하고 실제 거래가 계약서 내용과 달리 순액법 적용 기준으로 수행된다면 거래의 실질에 따라 순액법을 적용해야 한다. 회계는 실질이 우선이다.

**셋째, 수익 인식 총액법과 순액법 회계 이슈는 스타트업과 같은 초기 기업에만 해당하는 사항이 아니다.** 법정 회계감사 대상 회사, 상장 기업 등 규모 있는 회사에도 회계 이슈로 등장하는 단골 메뉴 중 하나다. 주식시장 상장을 준비하던 카카오모빌리티는 차량(택시) 운행 플랫폼 서비스 제공과 관련하여 금융당국으로부터 수익 인식 총액·순액 회계 이슈를 지적받은 바 있다. 따라서 최근 대리인으로서 거래 역할을 수행하는 플랫폼 스타트업의 경우 설립 초기 단계부터 수익 인식 기준에 대한 규정을 숙지하고 올바른 회계기준을 적용할 수 있도록 해야 한다. 회사가 성장해서 매출액 100억 원을 달성했는데 어느 순간 매출액이 10억 원으로 둔갑할 수도 있는 것이다.

J사 온라인 플랫폼에는 아래와 같은 문구가 기재되어 있다. "J사는 통신판매 중개자이며 통신판매의 당사자가 아닙니다. 상품, 상품정보 및 거래에 관한 의무와 책임은 판매자에게 있습니다."

이 문구가 의미하는 내용은 무엇일까? 회계적으로 해석해보자.

"J사는 수익 인식을 순액법으로 적용해야 합니다"라는 말로 해석된다면 수익 인식을 위한 기본 개념이 정립된 것이다.

# 무엇을 하는 회사인가
## : 영업수익 vs 영업외수익

특수 레이저 센서 제조업을 영위하는 K사는 설립 7년 차로 성장을 거듭해 법정 회계감사 대상이 되었다. 회사는 외부 회계사무소에 재무제표 작성을 의뢰하고 있다. 아직 자체 회계팀을 구비하진 못했지만 회사는 그동안 투자 재무실사, 임의감사도 받아온 경험이 있어 무사히 첫 외부감사를 마무리하길 기대하고 있었다.

큰 이슈없이 회계감사가 마무리 되어가던 시점에 비상상황이 발생했다. 이대로 회계감사가 마무리되면 회사가 금융기관과 진행예정인 대출금 연장과 금리 협의에서 불리한 상황에 놓이게 되기 때문이다. K사 재무제표에는 어떤 이슈가 자리잡고 있었을까?

K사의 재무제표는 다음과 같다.

손익계산서(K사)(단위 : 억 원)

| 구 분 | 금 액 |
|---|---|
| 매출 | 80 |
| 매출원가 | (−) 60 |
| 매출총이익 | 20 |
| 판매관리비 | (−) 20.2 |
| 영업이익(손실) | (0.2) |
| 영업외수익 | (+) 4 |
| 영업외비용 | (−) 3 |
| 당기순이익 | 0.8 |

　매출은 80억 원으로 최근 꾸준한 성장을 하고 있고, 2년 전부터는 손실을 탈피해서 당기순이익도 8천만 원 실현 중이다. 문제가 된 부분은 영업손실 2천만 원이었다. 회사는 금융기관에서 빌려온 차입금이 30억 원이었는데 매년 연장계약을 하며 회사 운영경비 상당액을 차입금에 의존하고 있는 상황이었다. 올해도 금융기관과의 차입금 연장과 금리협상을 진행할 예정인데 금융기관의 심사 기준 중 유동비율과 부채비율과 함께 영업손익이 중요한 지표가 된다.

　특히 손익계산서에 나타난 바와 같이 영업손실이 발생한다면 금융기관은 기존 차입금에 대해 일부 상환을 요청할 수도 있고, 이자율이 기존보다 높아질 수도 있는 상황이었다.

## ○ 영업수익과 영업외수익, 올바른 분류 필요

**손익계산서**(K사)(단위 : 억 원)

| 구 분 | 최초 | 수정 가정 | 수정 후 |
|---|---|---|---|
| 매출 | 80 | (+) 3 | 83 |
| 매출원가 | (−) 60 | | (−) 60 |
| 매출총이익 | 20 | | 23 |
| 판매관리비 | (−) 20.2 | | (−) 20.2 |
| 영업이익(손실) | (0.2) | | 2.8 |
| 영업외수익 | (+) 4 | | (+) 1 |
| 임대료수입 | 3 | (−) 3 | 0 |
| 기타 | 1 | | 1 |
| 영업외비용 | (−) 3 | | (−) 3 |
| 당기순이익 | 0.8 | | 0.8 |

회계감사가 종료될 시점 대표이사는 회계법인에게 다음과 같은 사항을 주장했다. "회사가 제시한 손익계산서에 영업외수익 항목에 포함된 임대료수입은 영업외수익이 아닌 영업수익, 즉 매출로 분류되어야 합니다."

이렇게 회계처리를 한다면 재무제표는 어떻게 변경될지 살펴보자. 상기와 같이 영업외수익에 포함된 임대료수입 3억 원을 매출로 분류한다면 매출은 3억 원이 증가하고, 영업외수익은 동 금액만큼 감소한다. 최종 당기순이익은 변화가 없지만 다른 곳에 중요한 변화가 있다. 영업이익이다. 영업외수익이 감소하고 영업수익

(매출)이 늘었으므로 기존 영업손실 2천만 원에서 영업이익 2.8억 원으로 손익계산서가 수정되는 것이다. 이렇게 된다면 회사는 금융기관과의 대출 협상은 큰 문제없이 진행될 수도 있다는 기대가 앞선다.

## ○ 영업수익과 영업외수익 분류 기준은?

영업수익과 영업외수익의 회계상 분류기준은 무엇일까? 영업수익은 기업 본연의 활동으로부터 벌어들인 돈이다. 영업 본연의 목적으로 인해 창출한 수익인지 여부로 판단하면 된다.

회사는 회사 소유 토지를 일부 임대하고 있었고 정관과 등기부등본, 사업자등록증에 사업목적으로 임대업이 추가되어 있었다. 이를 근거로 회사는 임대료수입이 영업외수익이 아닌 영업수익으로 분류될 수 있다고 판단했다.

회계법인 판단은 달랐다. 이 경우 역시 경제적 실질이 우선이다. "무엇을 하는 회사인가?" 라는 질문에 답이 있다. K사는 특수레이저센서 제조업을 영위하는 회사였다. 회사는 유휴 토지를 임대하여 실제로 임대료수입이 발생하고 있었지만 임대를 기업 본연의 목적으로 보기는 어렵다고 판단한 것이다. 회계감사 결과 재무제표는 결국 수정되지 않고 마무리되었다.

회계감사를 마무리하며 회사와 회계법인 모두에게 아쉬운 점이 있었다. 회사 내부 회계팀은 없더라도 회계감사 준비를 위한 재무제표 준비 과정에서 회사 담당자와 재무제표 작성을 대행해 주는 외부 회계사무소 담당자와 유기적인 커뮤니케이션이 없었다는 점이 그러하다. 회계법인에게 재무제표를 제출하기 전 누군가 손익계산서를 한 번만 유심히 들여다 보았다면 어땠을까? 영업손실 부분이 눈에 띄었을 것이고 사전에 충분히 해결방안을 모색했을 수도 있을 듯하다. 결국 회사가 최초부터 임대료수입을 영업외수익이 아닌 영업수익으로 분류해서 회계법인에게 제출했다면 결과는 달라질 수도 있지 않았을지. 재무제표 작성 주체는 회사라는 사실을 다시 한번 숙지해야 한다.

우리 회사는 무엇을 하는 회사인가? 질문에 대한 답이 재무제표에 잘 반영되어 있는지 한번 들여다보자.

# 20 정부보조금을 회계처리하는 3가지 방법

　AI 신기술을 활용해 음원 검색과 AI큐레이션 서비스를 제공하는 L사는 설립 2년차에 접어들었다. 사업 초기 서비스 개발 비용 발생에 비해 본격적인 매출이 목표만큼 발생하지 않는 점이 고민이다. L사 대표이사는 수 차례 정부지원사업을 통해 정부보조금을 수령했는데 손익 구조가 다소 좋지 않은 사업 초기 정부지원금은 든든한 지원군과도 같았다.

　회사는 재무제표 작성을 외부에 의뢰하고 있는데 L사 대표이사는 정부보조금이 재무제표에 어떻게 반영되어야 하는지 궁금해졌다. 회계처리 방법에 따라 재무제표에 미치는 영향이 다를 수 있다고 들었기 때문이다.

## ❓ 정부보조금에 대한 회계처리기준

L사의 최초 재무제표와 정부보조금 회계처리 방법에 따른 영향을 살펴보자.

**손익계산서**(L사)(단위 : 억 원)

| 구 분 | 최초 | 정부보조금 1억 원 수령 | | |
|---|---|---|---|---|
| | | (방법1) | (방법2) | 방법3 |
| 영업수익 | 5 | 5 | 5 | ③ 5+1=6 |
| 영업비용 | (−) 2 | (−) 2 | ② (−) 2−1=1 | (−) 2 |
| 영업이익 | 3 | 3 | 4 | 4 |
| 영업외수익 | (+) 0 | ① 1 | (+) 0 | (+) 0 |
| 영업외비용 | (−) 0 | 0 | (−) 0 | (−) 0 |
| 당기순이익 | 3 | 4 | 4 | 4 |

최초 L사 영업수익(매출)은 5억 원 영업비용(급여로 구성)은 2억 원이라 가정해 보자. 이 경우 영업이익은 3억 원이며 영업외수익과 영업외비용은 없으므로 당기순이익은 영업이익과 동일한 3억 원이다.

L사가 정부보조금 1억 원을 영업비용(급여)을 보전할 목적으로 수령한 경우 재무제표는 어떻게 변할까? 세 가지 회계처리 방안을 생각해 볼 수 있다.

**첫째, 수령한 정부보조금을 영업외수익으로 처리하는 경우다**(①). 이 경우 최초에 비해 영업외수익 1억 원이 증가하여 당기순이익은 3억 원에서 4억 원으로 증가한다. 이 방법은 수령한 정부보조금을 영업외수익으로 처리하는 것으로 회계처리가 비교적 간단하다. 또한 정부보조금이 영업외수익 항목으로 보여지므로 외부 정보이용자 측면에서 정부보조금에 대한 정보를 쉽게 파악할 수 있다.

**둘째, 수령한 정부보조금의 성격에 따라 해당 비용을 줄이는 것이다.** 회사는 해당 정부보조금을 영업비용(급여) 보전 목적으로 수령하였으므로 급여를 최초 2억 원에서 정부보조금 1억 원을 차감한 금액인 1억 원으로 반영하는 방법(②)이다. 이렇게 회계처리하면 영업비용이 기존에 비해 1억 원이 감소하여 영업이익이 3억 원에서 4억 원으로 증가한다. 이 방법은 정부보조금 수령 목적에 맞게 회계처리하여 경제적 실질을 보여줄 수 있고 기존 방법(①)에 비해 영업이익이 증가한다는 측면이 있다. 반면 정부보조금 수령 원인에 맞게 해당 비용 항목을 줄여주어야 하므로 회계처리가 다소 번거로울 수 있고 손익계산서 상 정보보조금 수령 정보를 파악하는데는 한계가 따른다.

**셋째, 수령한 정부보조금을 영업수익(매출)로 처리하는 방법(③)이다.** 최초에 비해 매출이 1억 원 증가하고 이와 함께 영업이익도 함께 증가한다. 다른 방법에 비해 매출을 크게 인식하고자 할 경우 반영할 수 있는 방안이다.

세 가지 방안을 비교해 보자. 우선 세 가지 방법 모두 최초와 비교할 경우 당기순이익은 정부보조금 해당액 1억 원만큼 증가한다. 즉 정부보조금 수령은 당기순이익 측면에서 이익을 증가시킨다. 방법2와 방법3은 방법1에 비해 영업이익이 정부보조금 1억원 만큼 증가한다. 방법2는 영업비용을 감소시켰고 방법3은 매출을 증가시켜 두 방안 모두 영업이익이 증가하게 된다. 방법2와 방법3을 비교할 경우 영업이익은 두 경우 모두 동일하지만 방법3의 경우 매출을 상대적으로 더 크게 나타낼 수 있다.

## ○ 어떤 방법을 적용해야 할까

결론적으로 회사는 기업의 상황과 경제적 실질에 맞는 회계처리 방법을 선택하면 된다. 회계처리 측면에서 단순한 방법을 적용하고자 한다면 정부보조금을 영업외수익으로 처리하는 방법1을 적용할 수 있다. 기업가치 측면과 기업 본연의 수익 창출능력을 나타내는 지표라 할 수 있는 영업이익을 크게 보여주고자 한다면 방법2 또는 방법3을 선택할 수 있다. 외부에 보여주는 외형, 매출액 정보가 중요한 정보인 경우 방법3을 고려하면 된다.

기업회계기준에서는 비용보전 목적의 보조금인 경우 관련 비용에서 차감하거나(방법2) 수익으로 처리(방법1 또는 방법3)할 수 있도록 규정하고 있다. 한가지 추가로 고려할 사항이 있다. 영업수익은 기업 본연의 목적으로 인해 창출한 수익으로 판단한다. 정부보조금을 매출로 반영하는 방법3의 경우 회사는 정부보조금 수령을 목적으로 한다는 의미로 해석할 수 있다. 이런 측면에서 판단할 때 정부보조금을 영업수익 즉, 매출로 반영하는 방법은 제약이 있을 수 있음을 참고하자.

## ○ 자산 취득을 위한 보조금도 있다

살펴본 예시와 같이 영업비용을 보전받을 목적 이외에 자산 취득대금을 정부보조금으로 보전받는 경우도 있다. 이와 같은 자산 취득 관련 보조금은 자산의 차감계정으로 처리하고, 내용연수(감가상각기간)동안 감가상각비와 상계하는 회계처리를 하면 된다.

20X1년초 기계장치 2억 원을 취득하는데 정부보조금 1억 원을 수령하여 기계장치 취득대금을 보전받은 경우 회계처리를 살펴보자.

재무제표(L사)(단위 : 억 원)

| 재무상태표 | | |
|---|---|---|
| 구 분 | 20x1.1 | |
| 기계장치 | 2 | |
| 정부보조금 | (-) 1 | |
| 합계 | ① 1 | |

| 손익계산서 | | | | | |
|---|---|---|---|---|---|
| 구분 | 20x1.12 | 20x2.12 | 20x3.12 | 20x4.12 | 20x5.12 |
| 감가상각비(②) | 0.4 | 0.4 | 0.4 | 0.4 | 0.4 |
| 정부보조금(③) | (-) 0.2 | (-) 0.2 | (-) 0.2 | (-) 0.2 | (-) 0.2 |
| 합계(④) | 0.2 | 0.2 | 0.2 | 0.2 | 0.2 |

자산(기계장치) 취득시점에는 재무상태표에 정부보조금 1억 원을 기계장치 취득대금 2억 원에서 차감하는 형식으로 표시해 준다. 이렇게 함으로써 재무상태표에서 정부보조금을 제외한 순수한 기계장치 취득대금은 1억 원(①)으로 표시된다.

기계장치 취득대금 2억 원에 대해서는 자산 사용기간(5년 가정) 동안 매년 감가상각비 4천만 원(2억원/5년)을 비용으로 인식한다(②). 이 경우 수령한 정부보조금 1억 원에 대하여 5년간 일정 금액 2천만 원(1억 원/5년)을 감가상각비 4천만 원과 상계한다(③). 즉 매년 인식하는 감가상각비는 4천만 원에서 2천만 원이 감소한 2천만 원으로 반영된다(④). 이러한 회계처리를 통해 정부보조금을 수령하지 않았을 경우 5년 동안 인식하게 되는 감가상각비 2억 원에 비해 감가상각비 비용을 5년 간 정부보조금 해당액인 1억 원만큼 감소시키게 된다.

L사는 초기기업임에도 정부지원과제 지원 요건에 유동비율과 부채비율과 영업이익, 자본잠식 등 재무적인 요건이 포함되어 대표이사의 부담이 크다. 대표이사는 보조금 회계처리에 대해 조금 이해할 수 있었다. 무엇보다 회사 본연의 매출 발생이 부족한 설립 초기 보조금 수령 원인(비용 보전 또는 자산 취득)과 세 가지 회계처리 방안에 따라 재무제표에 미치는 영향이 다양함을 깨달았다. 대표이사는 재무지식 부족으로 인한 재무제표 완전자본 잠식 등으로 아쉽게 지원과제를 놓친 경험이 수 차례 있다. 세무회계사무소와의 유기적인 소통이 부족했음이 아쉬웠다. 이제 회계기준을 숙지하고 앞으로 작성될 재무제표를 미리 챙겨볼 수 있게 되었다.

# 21 매출로 둔갑한 차입금

바이오 화학원료 유통업을 운영하는 M사 대표이사는 고민에 빠졌다. M사는 설립 후 10년이 지났고 최근 3년 들어 매출이 감소하면서 회사 운영에 필요한 자금이 부족해지고 있다. 매출 대금으로 충당하기에 부족한 운영자금을 금융기관 차입금으로 조달하고 있지만 이마저도 계속되는 영업실적 악화로 추가적인 은행차입금 조달이 어려울 수도 있는 상황이다.

다행히 과거 오랫동안 거래를 함께 해왔던 거래처 대표가 돈을 빌려주겠다고 했다. 은행 이자율보다는 조금 높지만 거래처로부터 자금을 빌려올 수 있고, 정해진 이자율만큼 이자와 함께 원금을 갚는 구조다. M사의 대표이사에게 상대 거래처는 희망에 찬 구세주와도 같았다.

그러나 M사 대표이사의 바람과는 달리 거래처로부터의 자금조달과 회계처리에는 회사의 운명을 결정할 이슈가 도사리고 있었다.

## ○ 차입금 한 번에 딜레마에 빠진 회계장부

금융기관으로부터 추가 차입이 어려운 M사는 거래처로부터 돈을 빌려오기로 했다. 일정 기간 후 이자와 함께 원금을 갚으면 된다. 일반적인 자금차입 거래다. 만약 M사가 10억 원을 빌려오고 이자율이 10%라고 가정한다면 원금 10억 원과 이자 1억 원(10억 원의 10%)의 합계 11억 원을 다시 갚으면 된다. M사 대표이사는 이러한 거래를 회계처리하는 과정에서 고민에 빠지게 됐다. 어떤 고민일까? 회계처리를 살펴보자.

[자금차입 거래 회계처리](단위 : 억 원)

| 구 분 | 왼쪽(차변) | | 오른쪽(대변) | |
|---|---|---|---|---|
| 돈을 빌려오는 거래(①) | 현금(자산 증가) | 10 | 차입금(부채 증가) | 10 |
| 돈을 갚는 거래(②) | 차입금(부채 감소) | 10 | 현금(자산 감소) | 11 |
| | 이자비용(비용 증가) | 1 | | |

거래처로부터 빌려오는 자금은 차입금이고 회계상 갚아야 할 부채로서 복식부기 규칙 상 오른쪽에 기재된다. 이럴 경우 재무상태표에는 부채가 증가하게 되어 재무구조는 더욱 안 좋아지게 된다. 또한 이자비용은 손익계산서에 비용으로 반영되어 이익은 그만큼 감소한다. 급한 자금을 융통할 수는 있지만 기본적으로 영업

현황이 개선되지 않는다면 재무상태와 손익 현황은 더욱 악화되는 것이다. 이럴 경우 금융기관 차입은 현실적으로 어려워지고 계속 은행보다 높은 거래처 자금을 빌려와야 하는 악순환이 지속될 수도 있다.

고민에 빠진 M사 대표이사는 복식부기 비법을 떠올렸다. 자산과 비용을 왼쪽에 부채, 자본, 수익을 오른쪽에 기록한다고 했다. 거래별로 비법을 적용해보자.

매출·매입거래 회계처리(단위 : 억 원)

| 구 분 | 왼쪽(차변) | | 오른쪽(대변) | |
|---|---|---|---|---|
| 매출 거래(③) | 현금(자산 증가) | 10 | **매출(수익 증가)** | 10 |
| 매입 거래(④) | **재고자산(자산 증가)** | 11 | 현금(자산 감소) | 11 |

우선 차입을 통해 돈이 증가한 거래다(①). 차입금은 부채로서 오른쪽에 기록되어야 한다. 부채가 아닌 다른 것으로 기록한다면? 오른쪽에 올 수 있는 거래는 부채, 자본, 수익이다. 빌려온 돈을 부채가 아닌 매출로 반영한다면 재무상태 악화 없이 수익을 증가시킬 수 있다. 현 상황에서 수익은 오른쪽에 부채 대신 기록할 수 있는 가장 적합한 대안이다. M사 대표이사는 차입 거래를 매출 거래로 반영했다(③).

다음으로 원금과 이자를 상환하는 거래다(②). 이자비용 증가 대신 왼쪽에 올 수 있는 후보는? 자산이다. 비용으로 반영되지 않아 이익 측면에서 유리하고 자산이 많아지므로 재무구조는 더욱 좋아진다. 대표이사는 원금과 이자 상환을 위해 감소한 자금을 재고자산 구입을 위해 사용한 것으로 처리하는 비법을 고안했다(④).

결국 대표이사는 앞 페이지 표와 같이 자금차입 거래를 매출 거래로 원금과 이자상환 거래를 재고자산 구입 거래로 회계처리 반영한 것이다. 부채 증가(①) 대신 매출이 증가(③)해 이익이 증가하고 이자비용 반영(②) 대신 재고자산 증가(④)로 반영해 재무구조와 손익 현황이 좋아지는 두 가지 측면을 모두 도모할 수 있는 방법이라 여겨졌다.

## ○ 회계감사 판단기준은 경제적 실질

M사와 거래처와의 거래는 법적으로 문제가 없었다. 적법한 매출·매입계약서를 작성했고 사업자 간 거래 정보의 원천이 되는 세금계산서 또한 적절하게 주고받았다. 그러나 M사는 회계감사를 받는 과정에서 회계법인으로부터 상기 회계처리는 적절하지 않다는 지적을 받게 된다. 회사가 처리한 매출·매입 회계처리를 자금차입 상환에 따른 회계처리로 수정 반영하라는 권고사항을 받게 된 것이다. M사 대표이사는 적법하게 작성된 거래계약서와 세금계산서 등을 토대로 회사의 거래는 적법하고 또한 회계처리에도 문제가 없다는 의견을 피력했다. 이런 경우 어떻게 될까?

회계는 경제적 실질에 따른다. 회계는 거래계약서, 세금계산서 등 법률적인 실질에도 불구하고 거래의 실질적인 내용에 따라 판단한다는 의미다. 즉 회계적인 측면에서는 상기 거래를 매출·매입

거래가 아닌 자금차입 조달 거래로 판단하고 회계처리해야 한다는 의미다.

회계법인이 이와 같이 판단한 근거를 살펴보자.

**첫째, 적법한 판매계약서는 작성되었지만 실질적인 재고 이동은 이루어지지 않았다.** 회사 상호 간 사고팔았다는 품목은 동일한 창고에 보관되어 있었고 재고 품목카드만 M사에서 상대 회사 소유로 변동되었을 뿐이다.

**둘째, M사는 서류상 특정 품목을 거래처에게 판매하고 일정 기간 후 동일한 품목을 다시 상대 회사로부터 매입하는 형식을 취했다.** 동일한 품목을 팔고 다시 사왔다는 의미다. 서류상 매출과 매입이 이뤄졌을 뿐 거래 전후 경제적 실질의 변동이 없는 것이다.

**셋째, 거래 서류를 면밀히 살펴보면 M사가 물품을 매입하면서 지급한 금액이 판매하면서 수령한 금액보다 일정 수준 더욱 크다.** 유입된(빌려온) 돈보다 유출된(이자와 원금을 갚은) 돈이 더 큰 것으로 경제적 실질은 이자만큼 더 지급한 것이다.

이러한 검토 내용들을 토대로 회계법인은 거래의 경제적 실질을 매출·매입 거래가 아닌 자금차입 상환 거래로 판단한 것이다.

법적 형식 vs 경제적 실질 ⇨ 회계는 경제적 실질

| | 법적 형식 | 경제적 실질 | |
|---|---|---|---|
| M사 | 매출 | 자금 차입 | 상대 거래처 |
| | 매입 | 자금 상환 | |

## ◑ 복식부기의 두 얼굴 : 회사는 살아남지 못했다

　회계처리를 위반한 M사의 회계 거래는 과거 수년간 이어져오고 있었다. 이러한 경우 과거의 회계처리 오류 또한 수정되어야 한다. M사는 회계법인의 수정 권고사항을 받아들여 매출·매입처리가 아닌 자금차입과 상환 거래로 회계처리를 했고, 과거부터 현재까지 반영했어야 할 올바른 회계처리를 수정 반영했다. 그 결과 회사가 회계감사를 위해 최초로 작성했던 손익계산서 당기순이익 5억 원이 당기순손실 40억 원 수준으로 수정되었다

　M사의 험난한 운명은 계속되었다. 다음 연도 이후에도 영업 악화와 이자비용 증가 등으로 손실이 지속되었고, 이후 보유 중인 토지와 건물 등을 처분하며 운영자금 확보를 위해 노력했지만 수익성 증대 실패와 계속되는 손실로 금융기관 자금조달이 어려웠다. 결국 M사는 폐업을 하게 된다.

　수익성 증대와 재무상태 개선이라고 생각했던 복식부기 비법이 회사의 운명을 마감하는 계기가 될 수 있음을 인지해야 한다. 회계는 법률적 형식이 아닌 경제적 실질이 우선이다.

## 22 나를 잊지 말아요
## : 부채

    N사는 설립 5년 차로 인터넷 화상회의 서비스를 제공한다. 최근 회원 수 증가로 신규 서비스 개발자금 조달을 위해 투자 유치를 준비 중이다. 투자 협상을 진행 중인 투자사는 N사 재무 현황을 구체적으로 살펴보기 위해 재무실사를 진행했다. 회계법인이 작성한 재무실사 보고서에 의하면 N사의 순자산가치는 N사가 제시한 재무제표 금액의 10분의 1 수준이었다. 재무실사보고서에는 어떤 내용이 기재되어 있을까?

### ◎ 재무실사 주요 검토사항은 순자산가액

    재무실사는 특정일 현재 재무제표에 표시된 재무 현황을 보다 구체적으로 살펴보고 수정이 필요한 부분을 검토하는 것이다. 재무실사의 핵심 검토사항은 순자산가액이다. 순자산가액은 회사가 가진 전체 자산에서 남에게 갚아야 할 부채를 차감한 자본을 의미한다.

재무실사의 목적은 회사가 제시한 재무상태표 순자산가액이 적정한지를 검토하는 것이다. 투자자 입장에서는 순자산가액이 과다하게 평가된 것이 없는지 여부가 중요하다. 순자산은 자산에서 부채를 차감해서 구해지므로 '자산이 과다하게 평가'된 것과 '부채가 과소하게 평가'된 것이 없는지 여부를 검토하는 것이다.

N사 재무실사보고서에 표시된 내용을 살펴보자.

• 실사조정사항 요약

20x1년 12월 31일 기준(단위 : 억 원)

| 구 분 | 금 액 | 비고 |
|---|---|---|
| 1. 회사 제시 순자산가액 | 2 | 자산 10억 원-부채 8억 원 |
| 2. 실사조정사항 | (−) 1.8 | |
| 매출채권 손상(①) | (−) 0.1 | 자산이 과다평가되어 조정 ⇒ 순자산 0.6억 원 감소 |
| 개발비 손상(②) | (−) 0.2 | |
| 대표이사 대여금 손상(③) | (−) 0.3 | |
| 퇴직급여충당부채(④) | (−) 1 | 부채가 과소평가되어 조정 ⇒ 순자산 1.2억 원 감소 |
| 미지급비용(⑤) | (−) 0.2 | |
| 3. 조정후 순자산가액 (3=1-2) | 0.2 | |

보고서 세부 내용에 의하면 회사가 제시한 자산은 10억 원, 부

채는 8억 원으로 순자산가액은 자산에서 부채를 차감한 2억 원이다. 실사조정사항 중 ①~③는 재무상태표상 자산이 과다평가된 것이다. 자산성이 없다고 판단되는 매출채권 1,000만 원(①), 개발비 2,000만 원(②), 대표이사 대여금 3,000만원(③)이 자산이 아닌 비용으로 수정된 것이다. 이로 인해 순자산가액은 6,000만 원이 감소했다.

## 재무제표에 나타나지 않은 부채가 존재하는지 살펴야 한다

조정사항 ④과 ⑤는 부채가 증가되어야 하는 조정사항이다. 특이사항은 이들 항목은 매출채권과 개발비 등 자산 항목과는 달리 회사가 제시한 재무제표에 표시가 되어 있지 않던 내용들이다. 재무제표에 반영해야 할 부채가 누락된 것이다. 보고서에 의하면 퇴직급여충당금 1억 원과 미지급비용 2,000만 원 합계 1억 2,000만 원의 부채가 추가로 반영되어 순자산은 동 금액만큼 감소한다. 결국 자산을 줄이는 조정과 부채를 늘이는 조정으로 인해 순자산가액은 최초 회사 제시 2억 원에서 2,000만 원으로 수정되었다.

참고로 순자산가액이 N사의 기업가치를 의미하지는 않는다. 순자산가치는 재무제표에 의한 현재 시점의 순자산 금액을 의미하고 미래 예상이익의 가치는 반영되지 않은 것이다. 다만 투자자는 회사의 정확한 순자산가액 검토를 통해 기업가치와 투자금액 협상 과정에서 이를 미래 손익 예측 등 투자의사결정을 위한 하나의 고려 요소로 참고할 수 있다.

## ❓ 부채 누락 방지를 위해 "발생주의"를 먼저 생각하자

　퇴직급여충당금과 미지급비용을 반영해주는 조정사항은 발생주의에 기반한 것이다. 발생주의는 돈의 유입과 유출에 관계없이 비용에 대한 지급의무가 발생되었다면 결산 시점에 이를 비용으로 인식하는 방법이다. 실사조정 이유는 다음과 같다.

　퇴직급여충당금과 관련해, 퇴직금은 임직원이 실제로 퇴사할 시점에 지급하지만 임직원이 근무하는 동안 퇴직급여를 지급할 의무가 발행했으므로 결산 시점에 비용으로 인식하고 동 금액만큼 미래 퇴사하는 종업원에게 지급해야 하는 금액이므로 부채로 인식한다.

　미지급급여와 관련해서는, 급여 지급일은 다음 달 5일로 이번 달 급여를 지급할 일자는 도래하지 않았지만 결산 시점 현재 급여 지급 의무가 발생했다. 따라서 이번 달 급여 해당액을 비용으로 인식하고 동 금액만큼은 다음 달 급여일에 지급해야 할 돈이므로 부채로 인식한다.

　20x1년 12월에 반영해야 할 올바른 회계처리는 다음과 같다.

(단위 : 억 원)

| 구 분 | 왼쪽(차변) | | 오른쪽(대변) | |
|---|---|---|---|---|
| 퇴직금 | 퇴직급여(비용) | 1 | 퇴직급여충당금(부채) | 1 |
| 급여 | 급여(비용) | 0.2 | 미지급급여(부채) | 0.2 |

퇴직금과 급여에 대해 발생주의를 적용하면 결산일 현재 실제로 돈의 유출이 수반되지 않더라도 발생된 비용을 인식하고 미래에 지급할 의무가 있으므로 부채로 반영해야 한다.

### • 부채를 잊지 않기 위해서는 어떻게 해야 할까

부채가 재무제표에 누락되는 이유는 무엇일까? 발생주의 회계처리에 익숙하지 않은 회계 담당자의 단순 실수일 수도 있고 때로는 순자산과 이익을 크게 나타내려는 경영자의 의도가 반영된 오류일 수도 있다. 재무제표를 좋아 보이게 하는 3대 비법에는 기록해야 할 비용과 부채를 실제보다 작게 또는 인식하지 않는 방법이 있었다.

장부 작성을 외부 세무회계사무소에 대행하는 경우에도 놓치기 쉬운 부분이다. 퇴직급여충당금 등 부채 누락은 재무실사뿐만 아니라 특히 회계감사를 처음 받는 기업들에게 흔히 나타나는 회계 오류 사항이다. 어느 경우든 회계 오류로서 수정되어야 한다.

그렇다면 부채가 재무제표에 빠짐없이 반영되기 위한 방법은 무엇일까?

**첫째, 경영자와 회계 담당자 스스로가 회계 기본과 발생주의 회계 개념을 숙지해야 한다.** 재무제표 작성을 외부에 맡기는 경우에도 발생할 수 있는 오류이므로 경영자가 기본을 알고 확인해야 한다. '알아서 해주겠지'라는 생각은 금물이다.

**둘째, 회사에서 발생 가능성이 높은 부채 누락 항목을 결산 체크리스트 형식으로 작성한 후 재무제표 작성을 위한 결산 시마다 확인하는 방안이 있다. 예시에서 살펴본 내용 이외에도 부채로 반영되지 않을 가능성이 있는 주요 항목들이 다음과 같이 존재한다.

- 매출대금을 미리 받았지만 회계상 수익 인식 시점이 아닌 경우 부채인 선수금으로 반영해야 하는데 매출로 반영한 오류
- 외부에서 빌려온 차입금을 부채로 반영해야 하지만 회계처리를 누락하거나 매출 등 다른 계정으로 반영하는 오류
- 판매한 제품에 대해 반품이 예상되는 경우, 소송 진행 등으로 손해배상 금액 지출 가능성이 높은 경우 등 일정 금액을 부채로 인식해야 함에도 반영하지 않는 오류

**셋째, 재무제표에 대한 적정성을 정기적으로 검토해야 한다.** 부채는 남에게 갚을 돈이다. 회사 입장에서는 미래에 자금 유출이 수반된다. 회사도 미처 파악하지 못해 장부에 반영하지 않았던 부채가 존재하는 경우 미래에 재무 현황은 악화될 수 있고 예상치 못한 자금난에 처할 수도 있다.

   회계감사 또는 재무실사 등을 받는 경우가 아니라면 회계 오류를 지적해줄 이해관계자는 현실적으로 존재하지 않는다. 회사 내부적으로 재무제표의 적정성을 검토할 여건이 되지 않는다면 외부 전문가를 활용하는 것이 바람직하다. 회사 재무제표를 들여다 보고 잊고 있는 부채가 존재하지는 않는지 찾아보도록 하자.

# 23

# 보이지 않는 부채
## : 충당부채, 우발부채

    전기자동차 부품센서 제조업을 영위하는 O사는 설립 5년 차에 접어들었다. 최근 매출 성장으로 지난해에는 유사 업종을 영위하는 상장기업으로부터 투자금을 유치했다. 상장을 목표로 하는 O사는 올해 처음 법정 외부감사대상에 해당됐다.
    그런데 O사는 회계감사 진행 과정에서 재무제표에 충당부채를 반영해야 한다는 수정 권고사항을 수령했다. 충당부채는 어떤 부채일까?

### ○ 지출할 시기와 금액이 아직 확정되지 않은 부채

    기업회계기준에서는 충당부채를 "과거 사건이나 거래의 결과에 의한 현재 의무로서, 지출의 시기 또는 금액이 불확실하지만 그 의무를 이행하기 위해 자원이 유출될 가능성이 높고 또한 당해 금액을 신뢰성 있게 추정할 수 있는 의무를 말한다"라고 설명한다.

일반적인 부채의 종류에는 외상으로 물품을 매입한 경우 발생하는 매입채무와 국가에 납부할 세금, 은행으로부터 빌려온 차입금 등이 있다. 이러한 부채는 상대방에게 지급해야 할 시기와 금액이 정해져 있다. 반면 충당부채는 현재로서는 지급 시기와 금액이 확정되지는 않았지만 금액이 유출될 가능성이 높고 금액이 얼마인지 현재 추정할 수 있다면 재무제표에 인식해야 할 보이지 않는 부채다.

충당부채를 인식한다는 것은 재무제표에 부채와 대응하는 비용을 반영한다는 의미다. 그래서 충당부채를 반영하면 부채 증가로 재무구조는 악화되고 비용이 증가해 이익은 감소하게 된다. 충당부채로의 인식 요건은 다음과 같다.

- 의무를 이행하기 위해 금액이 유출될 가능성이 매우 높다(1-①)
- 의무 이행에 소요되는 금액을 신뢰성 있게 추정할 수 있다(2-①)

**충당부채 인식 요건**

| 구 분 | | (요건2) 금액의 합리적 추정 가능성 | |
|---|---|---|---|
| | | 2-① 추정 가능 | 2-② 추정 불가능 |
| (요건1) 금액 유출 가능성 | 1-① 매우 높음 | 충당부채 인식 | - |
| | 1-② 어느 정도 있음 | - | - |

## ◐ 금액 유출 가능성이 매우 높고 금액을 추정할 수 있다면 부채로 반영

O사가 재무제표에 반영해야 하는 충당부채는 판매보증 충당부채다. O사는 자동차 부품을 제조해서 자동차 제조회사에 판매하고 일정 기간 품질보증을 제공해 하자보수 의무를 부담한다. 따라서 O사는 이러한 판매보증으로 인해 지출할 시기와 금액은 확정되지 않았지만 향후 보증기간 내 보증비용으로 지출할 가능성이 매우 높고(요건 1-①), 금액을 합리적으로 추정할 수 있다면(요건 2-①) 충당부채를 인식해야 한다.

이 경우 금액의 합리적인 추정은 과거 일정 기간 매출액 대비 실제 판매보증비용 발생 비율을 이용해 산정할 수 있다. 미래 발생할 금액을 정확히 알 수는 없지만 현재 이용 가능한 최선의 추정치를 이용해서 합리적인 추정을 하는 것이다. O사는 설립 초기에 미래 보증비용 예측을 위한 자료 부족 등으로 보증비용 발생 시점에 비용을 인식해왔지만 올해부터는 과거 보증비용 발생 경험률을 토대로 미래 예상되는 약 8억 원의 충당부채를 미리 반영했다.

충당부채 반영(단위 : 억 원)

| 구 분 | 왼쪽(차변) | | 오른쪽(대변) | |
|---|---|---|---|---|
| 충당부채 반영 | 판매보증비용(비용) | 8 | 판매보증충당부채(부채) | 8 |

이처럼 미래 발생할 충당부채와 해당 비용을 현재 인식하는 것은 비용에 대한 지급의무가 현재 발생했기 때문으로 발생주의 적

용을 위한 것이다. 참고로 1년 후 판매보증비용이 6억 원이 발생한 경우 회계처리 예시는 다음과 같다.

(단위 : 억 원)

| 구 분 | 왼쪽(차변) | | 오른쪽(대변) | |
|---|---|---|---|---|
| 보증비용 발생 | 판매보증충당부채(부채) | 6 | 현금 | 6 |

판매보증 충당부채를 통해 판매보증비용을 미리 인식해놓은 경우 실제로 보증비용이 발생하는 다음 연도에는 판매보증 충당부채를 감소시킴으로써 비용으로 반영되지 않는다. 비용은 이미 발생주의에 근거해서 전년도에 인식했기 때문이다.

## ○ 보이지 않는 충당부채의 종류

놓치기 쉬운 부채와 더불어 재무제표에 반영할 필요성을 상대적으로 간과하기 쉬운 충당부채에는 몇 가지가 더 있다.

### • 반품충당부채

판매한 제품 또는 상품에 대해 반품 의무를 부담하고 과거 경험상 반품 발생 가능성이 높고 반품으로 인한 환불비용을 합리적으로 추정할 수 있는 경우 반품충당부채를 인식해야 한다.

### • 복구충당부채

사무실을 임차해서 사용하는 회사의 경우 임차기간 종료 시점에 해당 임차물을 원래대로 복구해야 할 의무를 부담하는 경우가 있다. 임대차계약서에 의해 해당 복구의무 발생 가능성이 매우 높고 해당 임차건물에 대한 복구비용 견적을 통해 금액 또한 합리적으로 추정 가능한 경우 복구충당부채를 인식해야 한다.

- **소송충당부채**

회사가 소송으로 1심 또는 2심 소송패소 등으로 인해 미래에 부담해야 할 법적 의무 발생 가능성이 높고 해당 소송금액을 합리적으로 예상할 수 있다면 소송충당부채를 인식해야 한다.

이 외에도 회사가 관련 법규 위반으로 과징금이나 벌과금 등을 부담하는 경우, 진행 중인 세무조사 결과 추징세액이 예상되는 경우 충당부채 요건을 검토해야 한다.

## 충당부채 인식 요건이 충족되지 않는다면 우발부채를 검토하자

만약 충당부채 인식 요건 두 가지 중 한 가지라도 충족하지 못하는 경우는 어떻게 처리해야 할까? 즉 금액 유출 가능성이 매우 높지 않고 어느 정도는 존재하는 경우(요건 1-②), 또는 금액을 합리적으로 추정할 수 없는 경우(요건 2-②)에는 충당부채가 아닌 우발부채로 처리한다. 우발부채는 금액을 유출할 가능성이 매우 높지 않거나, 가능성은 매우 높다 하더라도 금액을 신뢰성 있게 측정할 수 없는 경우를 의미한다.

**우발부채 인식요건**

| 구 분 | | (요건2) 금액의 합리적 추정 가능성 | |
|---|---|---|---|
| | | 2-① 추정 가능 | 2-② 추정 불가능 |
| (요건1) 금액 유출가능성 | 1-① 매우 높음 | 충당부채 | 우발부채 |
| | 1-② 어느 정도 있음 | 우발부채 | 우발부채 |

우발부채는 충당부채와 달리 재무제표에 부채로 인식하지는 않는다. 해당 내용을 우발부채라는 항목으로 감사보고서 주석에 기재한다.

예를 들어 소송사건이 진행 중으로 소송 결과를 예측할 수 없는 경우에는 원고, 피고, 사건 내용 등을 간략히 기재해 정보이용자에게 해당 내용을 전달하는 방법이다.

회사는 이처럼 금액 유출 가능성과 금액 추정 가능성을 판단해 충당부채로 재무제표에 반영하거나 또는 우발부채 주석사항으로 빠짐없이 기재해야 한다.

## ○ 보이지 않는 충당부채, 이익을 갉아먹는다

재무제표를 작성하는 경우 보이지 않는 충당부채까지도 잘 챙겨야 한다. 충당부채 요건에 해당된다면 부채와 비용으로 반영되어 손익구조에 직접적인 영향을 미치기 때문이다. 충당부채를 처음 인식하는 경우에는 과거에 인식하지 못했던 부분까지 반영해야 하므로 비용으로 반영되는 금액이 일시적으로 커질 수도 있다. 이로 인해 힘들게 창출한 이익이 손실로 바뀔 수도 있다. 보이지 않을수록 미리 준비하고 체크해야 한다. 그래야 볼 수 있다.

## 24 돈 갚을 날짜는 정확하게 기억하자 : 차입금 유동성 분류

P사는 20×1년 처음으로 법정 회계감사를 받게 되었다. P사가 회계감사 종료 시점 회계법인으로부터 수령한 재무제표 수정 권고사항 중에는 '장기차입금에 대한 상환 스케줄을 고려해 유동성 분류를 수행해야 한다'는 내용이 포함되어 있었다. P사는 수정권고를 받아들여 재무제표를 수정했고 장기차입금으로 분류되었던 50억 원 중 40억 원을 유동성장기차입금으로 수정해 분류했다.

회계법인 수정권고는 어떤 내용인지, 재무제표 수정으로 인한 영향은 무엇인지 살펴보자.

**Q 차입금은 상환 시점 1년을 기준으로 유동부채와 비유동부**

### 채로 나뉜다

P사는 20×1년 1월 1일 현재 차입금 두 건을 신규 차입했다. 단기차입금은 1년 이내에 갚아야 할 차입금 10억 원(①)이고, 장기차입금은 결산일 현재 상환기일이 1년을 초과한 시점에 도래하는 차입금 50억 원(②)이다. 한편 부채는 1년 이내에 갚아야 할 유동부채와 상환 기간이 1년 초과 후에 도래하는 비유동부채로 분류된다. 따라서 단기차입금은 유동부채에 속하고 장기차입금은 비유동부채로 분류된다.

### ○ 제3의 항목, 유동성 분류가 필요하다

단기차입금과 장기차입금 분류와 관련해서 유의할 점이 있다. 최초에 장기차입금으로 분류된 차입금도 매년 결산 시점을 기준으로 1년 이내에 상환 시점이 도래하는 금액이 있을 수 있다. 이 금액만큼은 재무상태표에 비유동부채인 장기차입금이 유동부채 항목으로 표시해주어야 한다.

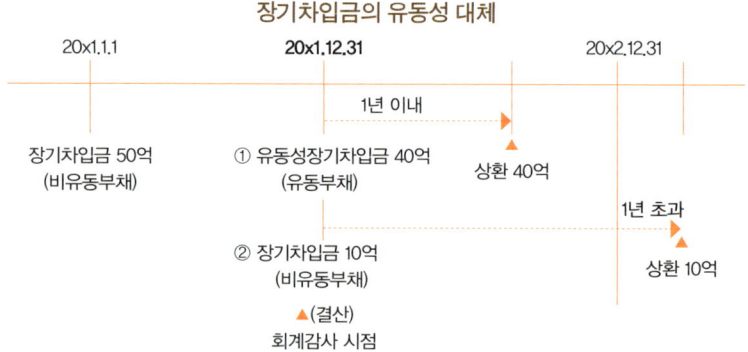

최초에 장기차입금으로 분류된 금액 50억 원 중 20×1년 결산기말 현재 1년 이내에 상환해야 할 금액 40억 원은 유동성장기차입금(①)으로 분류해야 한다. 이와 같이 장기차입금을 유동성장기차입금으로 분류하는 것을 유동성 분류 또는 장기차입금 유동성 대체라고 표현한다. 그 결과 20×1년 12월 말 장기차입금은 50억 원에서 10억 원(②)으로 수정된다.

## 차입금 유동성 분류는 왜 해야 하는가?

유동부채와 비유동부채는 모두 재무상태표에 부채로 표시되는 항목이다. 즉 손익계산서 수익과 비용에는 영향을 미치지 않는다. 또한 아래와 같이 20×1년말 차입금에 대한 유동성 대체 여부에 따라 유동부채와 비유동부채 금액만 달라질 뿐 두 경우 모두 부채 합계는 동일하다. 이처럼 손익에 영향을 미치지 않는다는 이유로 차입금 유동성 분류를 수행하지 않는 회사들이 더러 있다. P사 역시 손익계산서 이익이 중요 관심사였으며 차입금 유동성 분류에 대해서는 중요하게 생각하지 않은 측면이 있다.

**유동성대체 여부에 따른 20x1년 12월 31일 재무상태표**(단위 : 억 원)

| 구 분 | 유동성 대체를<br>수행하지 않은 경우 | 유동성 대체를<br>수행한 경우 |
|---|---|---|
| 유동부채 | 0 | 40 |
| 단기차입금 | 0 | 0 |
| 유동성장기차입금 | 0 | **40** |
| 비유동부채 | 50 | 10 |
| **장기차입금** | **50** | **10** |
| 부채합계 | 50 | 50 |

차입금 유동성 분류가 중요한 기본적인 이유는 기업의 장단기 현금흐름을 보다 정확히 측정하기 위함이다. 기업의 현금화 가능 수준을 판단하는 재무비율 중 유동자산과 유동부채의 크기를 비교하는 유동비율이 있다.

자산은 1년 이내 현금화되는 유동자산과 미래 경제적 효익을 창출하기까지 1년을 초과하는 비유동자산으로 구분된다. 유동비율은 유동자산을 유동부채로 나누어서 산출한다. 1년 이내 현금화 가능한 유동자산이 1년 이내 갚아야 할 유동부채의 몇 배인지를 나타낸다. 유동비율은 기업이 대출을 받으려고 할 때 금융기관이 기업의 대출 상환능력을 판단하기 위해 사용하는 분석지표 중 하나다. 유동비율이 높을수록 현금 동원 능력인 유동성이 좋음을 의미한다. 즉 장기차입금에 대한 유동성 대체에 따라 유동부채와 비유동부채의 금액이 달라지고 결국 유동비율이 달라지게 된다.

## 차입금 유동성 분류를 위해 고려할 사항

기업이 차입금에 대한 유동성 분류를 적정하게 하기 위해서 고려할 사항이 몇 가지 있다.

**첫째**, 살펴본 바와 같이 장기차입금 유동성 대체는 손익에는 영향을 미치지 않지만 기업의 단기 현금조달 능력을 나타내는 유동비율에는 영향을 미친다는 사실을 숙지해야 한다.

**둘째**, 금융기관과 만기 재약정을 통해 매년 만기가 연장된다는 이유로 차입금을 장기차입금으로 계속 분류하는 것은 적절한 회계처리가 아니라는 점이다. 기업회계기준에 의하면 '1년 이상 결제를 연기할 수 있는 무조건의 권리를 가지고 있지 않은 부채'는 유동부채로 분류해야 한다. 다음 연도에 있을 만기 재약정에 의한 결과는 결산 시점에서는 알 수 없으며 회사는 다음 연도에 도래하는 차입금 만기를 연기할 수 있는 권리 또한 보유하고 있지 않았기 때문이다.

**셋째**, 차입약정서상 차입금 상환 만기는 1년 초과 시점에 도래하지만 돈을 빌려준 금융기관 등에서 상환을 요구할 수 있는 권리가 1년 이내에 도래하는 경우가 있다. 이런 경우 해당 장기차입금 또한 유동부채로 분류해야 한다는 점이다.

**넷째**, 회사는 차입금에 대한 만기를 고려해 상환 스케줄을 관리해야 한다. 차입금 상환 스케줄은 감사보고서 주석에 기재되는 사항으로서 금융기관과 투자자 등 정보이용자에게는 유용한 정보가 된다. 매년 일정한 금액이 변동 없이 단기차입금으로 계속 반영되어 있는 경우, 특수관계에 있는 회사로부터 차입한 경우, 차입 약정서가 존재하지 않아 차입금 약정 만기와 상환 스케줄을 파악할 수 없는 회사들도 더러 존재한다. 차입금이 있는 회사라면 갚아야 할 돈이 얼마인지와 갚아야 할 시기가 언제인지 파악할 필요가 있다.

　회계감사 종료 회의 중 대표이사로부터 유동성 대체를 수행하지 않은 근본적인 이유를 들을 수 있었다. P사는 금융기관 차입금 의존도가 높았고 유동비율은 금융기관과의 차입금 만기 연장과 금리 결정에 있어 중요한 고려요인 중 하나였기 때문이다. 즉 유동부채를 적게 나타내어 유동비율을 조금 더 좋아 보이게 하기 위한 방편이었다. 진실한 재무제표 작성과 재무정보 전달이 우선임을 숙지해야 한다.

# 가지급금 친구
## : 가수금

바이오 의약품 도매와 수출업을 영위하는 Q사는 올해 처음으로 회계감사를 받게 되었다. 회계감사 결과 재무제표 주요 수정 권고사항은 다음과 같다. 거래처로부터 회수가 불가능한 매출채권에 대한 비용 인식, 재고자산 수불부 관리 및 장기화된 재고자산에 대한 비용 인식, 수입대행 용역에 대한 수익 인식 순액법 적용, 장기차입금에 대한 유동성 분류 등이 주요 내용이었다. 회계 담당자는 회계법인의 재무제표 수정 권고사항을 반영해서 재무제표를 수정했다.

그런데 수정 권고사항 중 "가수금에 대한 적절한 계정으로의 반영 검토가 필요하다"라는 내용이 있었다. 재무제표에 가수금으로 반영된 금액이 약 15억 원인데 이 부분은 회계 담당자 또한 세부 내역을 알 수 없어 재무제표를 어떻게 수정해야 될지 답을 알 수 없는 상황이었다.

## ○ 가수금의 탄생 : 없어져야 할 임시계정

가수금은 회사에 자금이 유입되었지만 정확한 발생 원인을 알수 없어 일시적으로 처리하는 계정이다. 회계상 가수금이 발생하는 과정을 살펴보자.

복식부기, 가수금의 탄생

| 복식부기 | | 가수금의 탄생 | |
|---|---|---|---|
| 왼쪽(차변) | 오른쪽(대변) | 왼쪽(차변) | 오른쪽(대변) |
| 자산 | 부채(a), 자본(b) | 현금(①)　　xx원 | **가수금(②)**　　xx원 |
| 비용 | 수익(c) | | |

회사에 현금이 유입되어 자산이 증가했다. 복식부기에서 자산의 증가는 왼쪽이다(①). 오른쪽에는 해당 자금유입 이유를 파악해서 회계처리를 해야 한다. 오른쪽에 올 수 있는 것은 부채, 자본 또는 수익이다. 타인에게 돈을 빌려와서 돈이 증가했을 수도 있고(a), 주식 발행 대가로 돈이 들어왔을 수도 있다(b). 매출 대금이 입금되었을 수도 있는 것이다(c). 거래의 성격을 파악해서 각각 부채(a), 자본(b) 또는 수익(c)으로 오른쪽인 대변에 기록하면 된다.

그런데 회계 담당자가 자금이 유입되는 시점에 거래의 성격을 파악하지 못한 경우 또는 결산 시점에 제대로 처리하고자 계좌 입금 시점에는 임시적인 항목으로 처리하는 경우가 있다. 이때 일시적으로 발생하는 것이 가수금(②)이다. 가수금은 회계상 부채로 분류되며 결산 시점에는 적절한 해당 항목으로 분류되어 없어져야 하는 일시적인 계정이다.

## ○ 펑하고 터지는 가수금의 운명

가수금이 발생하는 주요 원인과 이로 인한 이슈는 다음과 같다.

**첫 번째로 자금 상황이 좋지 않아 운영자금 목적으로 대표이사가 개인 자금을 회사 계좌에 입금한 경우다.** 금융기관이나 다른 투자자로부터 자금을 조달하는 경우보다 절차가 간단하기 때문이다. 대표이사 가수금은 회사 입장에서 회사가 대표이사로부터 빌려온 돈이다. 이 경우 대표이사 자금을 회사에게 빌려준 가수금 존재 자체가 회계상 문제가 되지 않는다. 다만 결산 시점에는 가수금 발생원인을 알 수 있는 '주주임원차입금(주주, 임원으로부터 빌려온 돈)'으로 분류해야 한다.

**두 번째로 거래처로부터 받아야 할 정상적인 매출 대금과 지급해야 할 매입대금 입출금을 제대로 관리하지 않은 경우다.** 회계 담당자가 a라는 거래처로부터 받아야 할 매출 대금이 회사 계좌에 입금되었는데 회계 담당자가 이를 a거래처 매출 대금 입금이 아닌 가수금으로 처리한 경우가 있을 수 있다. 또한 결산 시점에 재무제표에 반영된 외상매출금과 외상매입금 금액, 실제 수취 및 지급되어야 할 금액에 차이가 발생하는 경우 '가수금' 계정으로 반영하는 경우다. 거래처 채권채무가 제대로 관리되지 않은 채 가수금이 수년에 걸쳐 발생한다면 거래처별로 받아야 할 돈과 지급해야 할 돈이 얼마인지 정확히 파악할 수 없는 문제가 발생한다.

**마지막으로 가수금 존재는 횡령 등 부정적인 사건의 결과로 나타나기도 한다.** 회사에 입금된 매출 대금을 개인이 고의적으로 가져가는 횡령 사고가 발생할 수 있다. 횡령의 흔적은 표시나지 않게 가수금이라는 항목에 고이 묻어놓은 채 말이다.

더 큰 문제는 가수금이 횡령 등의 원인으로 발생하지 않은 경우라 할지라도 가수금 존재 자체가 부정적인 시각으로 여겨지기도 한다는 점이다. 만약 대표이사 가수금이 원천을 나타내는 '주주임원차입금'이 아닌 '가수금'이라는 항목으로 계속 남아 있다면 세무당국 눈에는 가수금의 존재가 횡령 등 부정적인 시각으로 비쳐질 수도 있다. 동종 일반기업보다 상대적으로 오랜 기간 가수금이 존재하는 법인은 세무조사 대상으로 선정될 확률이 높아진다. 누적된 가수금이 존재하는 경우 과세당국은 회사가 매출을 누락하고 회사에 유입된 매출 대금을 개인이 가져갔을 수도 있다는 색안경을 끼고 쳐다볼 수 있기 때문이다.

## ◐ 가수금은 발생하지 않는 것이 바람직하다 : 가수금 흔적 지우기

가수금은 재무제표에 나타나지 않는 것이 바람직하다. 회계기간 중 가수금으로 처리한 항목이 있는 경우에도 결산 시점에는 거래 성격에 맞는 계정으로 분류되어야 한다. 그렇다면 회사가 가수금을 관리하기 위한 방법은 무엇이 있을까?

[가수금 해결 방안]

| 구분 | 가수금의 제거 | | | |
|---|---|---|---|---|
| | 왼쪽(차변) | | 오른쪽(대변) | |
| 상황1 | 가수금 | xx원 | 주주임원차입금 | xx원 |
| 상황2 | 가수금 | xx원 | 자본금 | xx원 |
| 상황3 | 가수금 | xx원 | 외상매출금 또는 외상매입금 | xx원 |

### • 가수금이 회사가 대표이사로부터 빌려온 돈에 해당하는 경우(①)

이 경우 회사 자금으로 대표이사에게 갚는 것이 최선이다. 회사 자금이 부족하다면? 주주임원차입금이라는 항목으로 재무제표에 해당 금액의 성격을 적절하게 표시해야 한다. 또한 회사와 대표이사는 별개의 실체이므로 상호 간 금전차입약정서를 작성하는 것이 바람직하다. 차입금액, 차입기간, 이자율 등 구체적인 조건이 명시된 문서를 통해 가수금의 발생 근거를 밝히는 것이 회계감사, 투자대비 재무실사와 세무당국의 세무조사를 대비하는 길이다.

### • 차입금의 출자전환(②)

회사는 대표이사 가수금이 오랜 기간 누적되는 경우 돈이 아닌 회사 주식으로 대신 갚는 방법을 고려할 수 있다. 이를 차입금(가수금)의 '출자전환'이라 한다. 부채에 포함된 가수금을 없애고 자본금으로 대체한다. 회사가 주식을 발행해주는 대가로 대표이사로부터 대가가 유입된 것으로 처리하는 방법이다. 이 경우 주주총회, 이사회 결의 등 상법 규정을 준수해야 하고 대표이사 가수금의 대가로 발행할 주식의 평가 금액을 관련 규정에 맞게 산정해야 한다. 이 경우 비상장주식의 시가를 평가하는 방법은 세법에 규정되어 있다. 만약 갚아야 할 가수금이 100만 원이고 세법 규정에 따라 산정한 주식 1주의 가치가 1만 원이라면 회사가 발행해줄 주식의 수는 100주(100만 원/1만 원)로 계산된다. 주식의 평가액을 임의로 산정해서 주식을 교부한다면 대표이사와 다른 주주에게 증여세 등 세무 이슈가 추가로 발생할 수 있다.

### • 가수금이 채권채무의 관리 소홀로 인해 발생한 경우(③)

결산 시점에 거래처별로 정확한 채권채무 금액을 확인해야 한다. 이때 거래처에게 채권채무 확인서를 발송해서 확인하는 방법이 있다. 회사가 인식하고 있는 채권채무가 거래상대방 회사가 파악하고 있는 금액과 일치하는지 서로 확인하는 것이다. 차이가 발생할 경우 정확한 금액으로 채권채무 금액을 조정하고 관련해 인식되어 있는 가수금도 정리해야 한다.

무엇보다 거래가 발생하는 시점부터 채권채무 발생액과 회수 및 지급액을 정확히 관리하는 것이 최선책이다. 장기간 채권채무 관리가 제대로 되지 않을 경우 거래상대방 상호 간 주고 받아야 할 금액을 확인하는 절차는 많은 한계가 따른다. 과거 발생했던 거래처가 폐업 등으로 없어졌을 수도 있고 연락이 되지 않을 수도 있다. 오래 전 거래 관련 자료가 남아 있지 않고 적절한 인수인계 없이 회계 담당자가 변경된다면 회계 담당자 또한 정확한 거래내역을 파악할 수 없다.

회계 담당자는 전체 가수금 15억 원 중 주주임원차입금으로 10억 원을 반영하였고 이외의 약 5억 원에 대해서는 채권채무 잔액을 정확히 파악할 수 없는 상황에 처해 있었다. 방법은 없다. 지금이라도 최대한 거래처별 채권채무 잔액 절차를 진행하고 정확한 금액을 반영해야 한다. 받지 않아도 될 채권과 주지 않아도 될 채무가 반영되어 있다면 금액을 수정하고 관련 가수금을 없애야 한다.

가지급금에 비해 가수금 이슈에 대해서는 그다지 중요하게 생각하지 않는 경우가 더러 있다. 가수금은 보통 대표이사 가수금 정도로 여기고 대표이사가 회사에게 돈을 집어넣은 사실이 큰 문제가 되지는 않을 것이라고 생각하기 때문이다. 그러나 가수금은 쌓여갈수록 가지급금 못지 않은 폭발력을 가진 폭탄이 될 수 있음을 유의해야 한다.

## ○ 가수금이 지나가고 난 뒤

Q사는 회계감사를 마무리하며 재무제표에 반영되어 있는 가수금 15억 원 중 대표이사 가수금으로 파악되는 10억 원에 대해서는 주주임원차입금으로 반영해 거래의 실질을 표시했다. 또한 해당

주주임원차입금에 대해 다음 연도에 적절한 절차를 거쳐 출자전환을 진행하기로 했다. 나머지 금액에 대해서는 회계 인력과 거래처 수를 고려할 때 쉽지 않은 작업이었지만 채권채무 금액 파악을 통해 정확한 금액을 반영하도록 진행했다.

일시적인 편의를 위해 반영했던 가수금의 흔적은 생각보다 크다. 가수금의 흔적을 지우기 위해 처리해야 할 숙제가 많이 남았다.

# 투자금은 공짜가 아니다
## : 상환전환우선주

20×3년 회계감사를 준비 중인 R사는 투자자로부터 투자금을 상환하라는 요구를 받았다. 원금 200억 원에 3년치 이자 약 100억 원을 포함한 300억 원을 갚으라는 내용이었다. 이자가 원금의 약 50% 수준이었다. 예상치 못한 투자자의 상환청구에 당황한 R사 임원진은 R사가 해당 금액을 갚을 의무가 없다며 주장했다. 만약 투자금과 이자를 상환할 의무가 있더라도 이자는 100억 원이 아닌 30억 원이라며 투자자와 논쟁을 이어가고 있다.

R사와 투자자 사이에 어떤 일이 있었을까? 20×3년 회계감사는 어떻게 마무리되었을까?

## ◐ 상환전환우선주는 상환권과 전환권을 모두 포함한 주식

사람의 뇌를 스캔하고 마음을 읽는 기술을 개발하는 R사는 상환전환우선주(RCPS, Redeemable Convertible Preference Shares) 형식으로 자금을 조달했다. 상환전환우선주는 약정된 기간이 되면 채권처럼 상환을 받거나 발행회사의 보통주로 전환할 수 있는 권리가 부여된 우선주식을 의미한다. 즉 투자자는 투자금을 갚으라는 '상환권'과 투자금액만큼 회사의 보통주식으로 전환할 수 있는 '전환권'을 모두 가진다. 투자자는 투자 이후의 상황에 따라 상환권과 전환권 중 자신에게 유리한 것을 선택해서 권리를 행사할 수 있다.

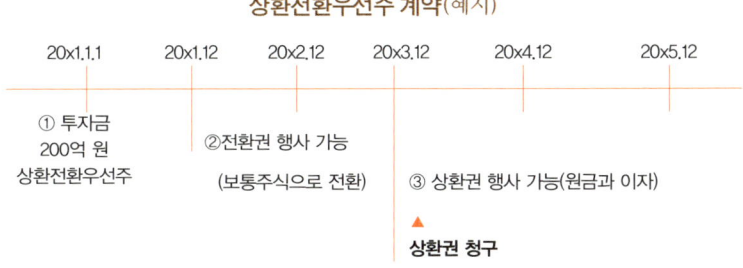

상환전환우선주 계약(예시)

R사는 3년 전인 20×1년 1월 초에 벤처투자자로부터 200억 원의 자금을 조달했다(①). 투자 계약에 의하면 투자자는 20×2년 1월 1일부터 전환권을 행사할 수 있고(②), 20×4년 1월 1일부터 상환권을 행사할 수 있다(③).

투자자 입장에서는 회사가 상장 등을 통해 주식 가치가 높아질 경우 보통주식으로 전환할 수 있고 반대의 경우 원금과 함께 약정된 이자를 상환청구할 수 있는 권리가 있다.

### ◐ 상환전환우선주는 부채일까, 자본일까

투자를 받은 R사는 상환전환우선주를 통해 조달받은 금액을 부채 또는 자본 중 무엇으로 분류해야 할까?

투자자가 상환청구를 하면 투자금을 갚아야 할 의무가 발생한다는 점을 고려해 부채로 분류함이 타당하다. 반면 투자자가 전환권을 행사할 경우 보통주식을 발행해주기 때문에 투자금은 주식 발행 대가의 성격으로 자본으로 분류하는 것이 적합하다. 정답은 회계기준에 따라 다르다. 비상장기업에 적용되는 일반기업회계기준에서는 상환전환우선주를 자본으로 분류하도록 규정되어 있다. 반면 상장기업에 적용되는 국제회계기준에 따르면 투자자가 상환권을 보유할 경우 회사가 원금과 이자를 갚아야 한다는 점을 고려하여 상환전환우선주를 부채로 분류하도록 하고 있다. 이처럼 회계기준에 따라 상환전환우선주의 부채와 자본 분류 기준이 다름을 우선 숙지할 필요가 있다. 부채와 자본의 분류에 따라 부채비율 등 재무건전성을 평가하는 기준이 변경될 수 있기 때문이다.

### ◐ 상환전환우선주는 갚아야 할 부채가 될 수 있다

자본은 부채와 달리 갚아야 할 의무가 없는 항목이다. 그러나 상황전환우선주가 재무제표에서 자본으로 분류되어도 투자자가 상환청구권을 행사하면 갚아야 할 부채가 될 수 있음을 유의해야 한다.

R사와 투자자와의 투자계약서에는 R사가 투자 후 3년 이내인 20×3년 12월 말까지 상장을 하지 못할 경우 투자자는 만기 전 중도상환청구를 할 수 있다고 기재되어 있다. 이 경우 기본약정이자율 6%가 아닌 19%의 연복리 이자율을 적용한다는 내용도 포함되어 있다. 투자자는 이 내용을 근거로 20×3년 12월 31일에 원금 200억 원과 투자시점 이후 연복리 19%에 해당하는 이자 100억 원을 포함한 300억 원을 갚으라는 상환청구권을 행사한 것이다.

반면 R사는 회사가 20×3년까지 상장하지 못한 사유가 R사에게 전적으로 귀속되지 않으므로 투자자가 행사한 상환청구권은 효력이 없다고 주장한다. 만약 상환청구권이 유효하더라도 투자자가 주장한 19% 상환이자율은 상환청구 시점 이후인 20×4년 이후부터 적용되어야 한다며 과거 기간은 6%가 적용되어 이자는 투자자가 요구한 100억 원이 아닌 30억 원이라고 맞서고 있다.

## ◯ R사 재무제표와 회계감사 이슈는 무엇일까?

투자자의 상환청구로 인한 주요한 회계상 이슈는 다음과 같다.

**첫째**, 투자자의 상환 청구가 유효하다면 20×3년 R사 재무제표에는 100억 원의 이자비용이 손익계산서 비용으로 반영되어야 한다. 이로 인해 이익은 감소하고 손실로 수정될 수 있다.

**둘째**, 투자자의 상환청구가 유효하다면 R사는 원금과 이자를 합한 300억 원의 갚아야 할 부채가 발생한다. 또한 이 경우 금융기관으로부터 빌려온 차입금 약 100억 원에 대해서도 상환 요구가 들어올 가능성이 있다는 점이다. R사의 현금보유액과 영업이익 수준을 고려할 때 자금조달 능력에 불확실성이 발생한다. 회계적으로 계속기업에 대한 가정에 불확실성으로 기업이 계속 생존할 수 있을지가 의문이라는 의미다.

**셋째**, 회계법인은 투자자의 상환청구가 유효한지 여부를 법적으로 판단할 수 없다는 점이다. 서로 상반되는 변호사 의견서만 오가고 있을 뿐 투자자의 상환청구가 법적으로 유효한지 여부를 확정지을 수 없다. 양자간 합의가 없다면 법정에서 가릴 수밖에 없는 상황이다.

## ○ 투자로 인한 재무적 영향을 고려하자

스케일업을 통해 한 단계 성장하고 M&A, 상장 등을 목표로 하는 스타트업들은 투자 유치가 중요한 과제 중 하나다. R사 사례를 통해 투자 유치 중 일어날 수 있는 다음 사항에 주의를 기울이자.

**첫째**, 투자 형태로 인한 재무적 영향을 고려해야 한다. 특히 최근 투자 형태로 흔히 활용되는 상환전환우선주가 자본 또는 부채 중 무엇으로 분류되는지 기본적인 회계기준을 숙지할 필요가 있다.

**둘째**, 투자자의 상환권 행사 가능성을 염두에 두고 상환해야 할 원금과 이자 수준을 파악하고 재무제표에 미치는 영향을 파악해야 한다. 부채로 인한 자본구조, 이자비용으로 인한 손익변화, 상환금액 조달 가능성을 미리 검토해야 한다.

**셋째**, 투자자와의 투자계약서를 자세히 검토해야 한다. 상장을 목표로 한 R사와 투자자의 공동 목표는 물거품이 되었고 R사는 예상치 못한 투자자의 상환청구와 해석에 이견이 존재할 수 있는 다소 명확하지 않은 투자계약서 내용으로 인해 서로의 주장은 팽팽히 맞서고 있다. 투자자의 마음을 모두 읽을 수는 없지만 명확한 조건을 투자계약서에 명시해 상호 간 있을 분쟁을 미리 방지해야 한다.

R사 재무제표는 다음 연도의 절반이 지나도록 확정되지 못했고 회계감사 또한 마무리되지 않은 상황이다. 이후 R사와 투자자는 수년에 걸친 법적 소송을 진행하게 되었다. 최종 판결은 어떻게 되었을까? 투자금의 실질은 갚아야 할 부채임을 명심하자. 세상에 공짜는 없다.

# 27 스타트업 기업가치 평가방법
## : 관심법

    심리상담사 매칭플랫폼을 창업한 S사 대표는 투자자와 마주 앉았다. S사는 심리상담사를 회원으로 모집해 심리상담이 필요한 고객들을 연결시켜준다. 설립 2년 차에 접어든 S사 대표는 본격적인 사업 확장을 위해 투자 유치를 계획 중이다. 이제 투자자에게 회사 소개 자료를 설명하고 투자 유치에 대해 협의하고자 한다. 과연 S사의 투자 유치는 어떻게 되었을까?

### ○ 투자유치는 협상이다

    S사 대표는 설레는 마음으로 테이블에 앉았다. 준비한 회사 소개자료 발표도 무사히 끝났다.

      투자자 : "이번에 희망하는 투자금액은 얼마인가요?"

S사 대표 : "2억 원입니다. 서비스 확대를 위한 신규 직원 모집과 마케팅 용도입니다."

투자자 : "대표님이 생각하는 기업가치는 어느 정도인지요?"

S사 대표 : "현재로서는 기업가치를 약 20억 원으로 추정하고 있습니다."

투자자 : "기업가치 20억 원은 자본금 2,000만 원의 100배에 해당하는 금액이네요. S사 수익모델을 볼 때 20억 원은 적정한 수준으로 여겨지지 않아요. 무엇보다 미래 스케일업 전략이 보이지 않습니다. 이 부분을 더욱 신경 써서 투자 유치 준비를 하시는 것이 좋겠습니다."

첫 번째 투자 유치 회의는 실패로 마무리되었다. S사 대표가 생각한 기업가치 20억 원은 어떻게 산출되었을까? 또한 투자자가 생각하는 기업가치는 어떤 식으로 결정되는 것일까?

## ○ 초기 기업가치는 숫자만으로 설명되지 않는다

S사 대표가 생각하는 기업가치 20억 원은 다음과 같이 도출되었다. 우선 S사의 미래 5개년 예상 손익을 도출했다. 현재($t0$) 시점 매출액은 2,000만 원, 손실 4백만 원이지만 미래 사업확대를 통해 5년 후($t5$)에는 매출액 120억 원, 이익 10억 원을 달성하는 것이다.

기업가치 평가예시(S사) (단위 : 억 원)

| 구분 | 현재(t0) | 1년 후(t1) | 2년 후(t2) | 3년 후(t3) | 4년 후(t4) | 5년 후(t5) |
|---|---|---|---|---|---|---|
| 매출액 | 0.2 | 2 | 10 | 30 | 50 | 120 |
| 이익(손실) | (-)0.04 | 0.04 | 0.4 | 2 | 4 | 10 |
| 5년 후 가치 | | | | | | 10x10=100 |
| 현재시점 가치 | 약 20억 원(5년 후 100억 원을 약 40% 수준으로 할인) | | | | | |

다음으로 S사가 속한 업종의 상장기업들의 시장가격을 참고했다. S사가 속한 업종 평균 주식 가치는 이익의 10배 수준으로 파악되었다. 따라서 S사의 5년 후 가치를 5년 후 이익 10억 원에 10배를 곱한 100억 원으로 도출했다.

마지막으로 미래 시점의 가치를 현재 시점으로 환산하는 절차가 필요하다. 투자자들이 목표로 하는 수익률을 약 40% 수준으로 가정해 5년 후 기업가치 100억 원을 현재 시점으로 환산하면 약 20억 원 수준이 도출된다(벤처캐피탈 평가법 참조 : 엄인수, 《몸값 올리는 기업가치평가 실무》, 제이씨이너스, 2021, 202~208쪽).

S사 대표이사가 도출한 기업가치 20억 원은 기업가치 평가방법론 측면에서 합리적이다. 그렇다면 투자자와의 투자 유치 회의가 실패한 이유는 무엇일까?

## ○ 초기기업 가치평가는 관심법이 필요하다

임성준은 스타트업의 밸류에이션에 대해 다음과 같이 말한다.

> 초기 기업의 가치는 결국 협상의 결과물이다. 스타트업이 다음 마일스톤을 찍고 원하는 수준에 도달하기까지 필요한 투자 금액과 투자를 통해 몇 %의 지분을 줄 것인지 등에 대해서 협의해서 결정한다. 보통 대부분의 벤처캐피털은 라운드마다 10~20%의 지분을 취득하기를 원하기 때문에 그 범위 내에서 협상이 가능하다.
> — 임성준, 《스타트업 아이템 발굴부터 투자 유치까지》, 유노북스, 2021, 223쪽

핵심은 투자자가 창업자의 미래 사업계획을 인정하는지 여부다. 투자자가 장밋빛 미래가 반영된 회사의 미래 매출과 순이익에 대해 인정해준다면 협상이 가능하다. 그렇지 않다면 협상은 진행될 수 없다. 기업가치 20억 원의 계산 절차는 이론상 문제가 없었지만 S사 대표는 기업가치 산출의 근거가 되는 사업 계획에 대해 투자자를 설득시키고 협상을 진행하는 데 실패한 것이다.

S사의 수익원은 심리상담사 회원들로부터 수령하는 월 회비 5만 원이 전부였다. 회원수가 증가하더라도 모두 수익으로 연결되지 않는다. 회원들은 고객과의 매칭이 필요한 경우에만 회비를 납부한다. 전체 회원 중 일부만 그리고 필요한 달에만 회비를 납부하는 구조였다. 이러한 점이 회사 소개 자료에 기재된 미래 사업계획 숫자를 투자자에게 설명하고 협상을 진행시키기에는 부족했던 것으로 판단된다. 투자자 기준에서는 S사 사업 모델이 수익성 측면에서 부족했고 미래 스케일업 전략 또한 보이지 않았다.

투자협상을 위한 기업가치 평가와 투자진행 과정에서 알아야

할 몇 가지 내용들을 추가로 살펴보자.

- **투자 전 기업가치** : 현재 기업가치로서 창업자와 투자자가 협의를 통해 결정된 금액. Pre-money Valuation 또는 PreValue라고 표현한다.
- **투자금액** : 투자자가 투자하는 금액
- **투자 후 기업가치** : 투자 전 기업가치에 투자금액을 더한 금액. Post-Money Valuation 또는 Post-Vaule라고 한다.

따라서 다음과 같이 표현할 수 있다.

> 투자 전 기업가치(Pre-Value) + 투자금액
> = 투자 후 기업가치(Post-Value)

이 공식을 S사에 대입해보자. 만약 S사가 대표의 희망대로 기업가치 20억 원을 인정받고 2억 원 투자 유치에 성공한 경우(상황①)는 다음과 같다.

투자자는 투자에 대한 대가로 지분율을 요구한다. 투자자의 지분율은 투자금액을 투자 후 기업가치(Post-Value)로 나누어서 산출된다. S사의 경우 투자자 지분율은 '2억 원/22억 원=약 9%'가 된다. 즉 투자자가 S사의 현재 기업가치를 20억 원으로 인정해주고 2억 원을 투자한다면 투자 후 기업가치는 22억 원이 되고 S사의 지분 9%를 보유하게 된다. 창업자의 지분율은 그만큼 감소한다.

그러나 투자자 입장에서 회사 제시 기업가치 20억 원을 인정하고 2억 원을 투자하는 대가로 지분율 9%를 수령하는 수준으로는 협상을 진행할 수 없었던 것이다.

상황에 따른 기업가치, 투자금액, 투자자 지분율(예시)

| 구분 | a. 투자 전 기업가치 (Pre-Value) | + | b. 투자금액 | = | c. 투자 후 기업가치 (Post-Value) | 투자자 지분율 (b/c) |
|---|---|---|---|---|---|---|
| 상황 ① | 20억 원 | + | 2억 원 | = | 22억 원 | 9% |
| 상황 ② | **10억 원** | + | 2억 원 | = | 12억 원 | **17%** |
| 상황 ③ | **10억 원** | + | **1억 원** | = | 11억 원 | 9% |

만약 기업가치가 S사 희망금액의 절반인 10억 원으로 협의되고, 2억 원을 투자 받는다면(상황 ②) 투자자의 지분율은 '2억 원/12억 원=17%'가 된다. 이 경우 창업자 입장에서 투자자에게 내주어야 할 지분율이 크다고 생각된다면 투자금액을 1억 원으로 낮추어 지분율을 9% 수준으로 낮추는 협상을 진행할 수도 있다(상황 ③).

상황 ②의 경우 상황 ①과 비교할 경우 창업자는 희망하는 투자금액(2억 원) 유치를 위해 지분율을 약 2배 더 포기해야 한다. 상황 ③은 상황 ①에 비해 동일한 지분을 내어주는 대신 투자유치 금액이 창업자가 희망하는 투자금액(2억 원)의 절반 수준으로 감소하게 된다. 두 경우 모두 창업자가 제시한 기업가치를 인정받지 못하였기 때문이다.

이처럼 초기 스타트업의 투자 절차는 투자 전 기업가치와 필요한 투자금액을 합의하고 해당 투자금액을 수령하는 대가로 창업자가 투자자에게 내어 줄 지분율 수준을 협상하는 과정이라고 이해할 수 있다. 초기 기업가치평가와 투자 유치를 위해서는 투자자를 설득시킬 수 있는 기업가치와 그들이 원하는 지분율 수준을 파악하는 것이 먼저다. 그들을 설득시키고 협상을 진행시킬 수 있는 투자자의 마음을 읽는 방법이 더욱 필요하다. 관심법의 출발은 재무제표가 기본이다.

# 28. 아름다운 이별을 위한 스타트업 기업가치 평가

T사 대표이사는 지인과 AI 로봇 개발회사를 공동 창업하여 운영해 왔다. 그는 회사 연구개발을 총괄했고 Scale-up을 위해 매진했지만 공동창업자와의 내부 불화 등으로 회사를 퇴사하게 되었다. 퇴사 후 3년이 지났다. 그런데 며칠 전 세무서로부터 과세예고 통지서를 수령했다. 내용은 다음과 같았다.

[과세예고통지]

2021년 귀속 과소신고 경정에 의한 과세예고 통지입니다. 특수관계자간 거래로 확인되어 주당평가액 30,000원을 경정하여 고지될 예정입니다.

양도소득세..산출세액 50,000,000원, 가산세 10,000,000원 예상 고지세액 60,000,000원 내용을 정확히 알 수는 없었지만 양도소득세 6천만 원이 부과된다는 내용이었다. 세무지식이 부족한 그는 당황스러웠다. T사 대표에게 어떤 일이 있었던 것일까?

## ○ 퇴사 시 세무 체크리스트 검토 필요

T사 대표이사는 3년 전 퇴사 당시 그가 보유한 회사의 지분을 모두 회사에게 다시 팔았는데 이 부분이 문제의 발단이 된 것이다.

그는 지분을 자신이 최초 취득하였던 금액과 동일한 금액인 주당 10,000원으로 회사에 매각했다. 최초 취득 시점에 비하여 회사가 성장하여 지분가치도 올라갔을 것으로 짐작했지만 비자발적으로 퇴사를 하는 입장에서 회사 운영을 실질적으로 담당해 왔던 공동창업자가 제시하는 주당 가액인 10,000원을 수용할 밖에 없었다.

즉, 그는 주당 10,000원에 취득한 주식을 동일한 금액으로 회사에 다시 판매한 것이다. 이 경우 양도차익은 없다. 따라서 그는 3년 전 퇴사 시점 주식양도에 대해 납부할 양도소득세는 없는 것으로 세무신고를 완료한 것이다.

과세예고통지의 내용은 무엇일까? 해당 내용을 다시 살펴보자.

> "특수관계자간 거래로 확인되어 주당평가액 30,000원을 경정하여 고지될 예정입니다."

그는 공동창업자와 함께 T사 공동대표이사를 맡았다. 대표이사는 회사와 특수관계에 있고 3년 전 퇴사하면서 자신의 주식을 회사에 주당 10,000원에 양도했지만, 세무 관점에서는 양도가액을 주당 30,000원으로 적용해서 양도소득세를 과세하겠다는 의미다. 즉, 회사와 특수관계 있는 입장에서 양도소득세를 회피할 목적으로 회사에 매각하는 금액을 세무상 기준액인 주당 30,000원보다 작은 주당 10,000원으로 적용한 것으로 보겠다는 것이다.

> "양도소득세..산출세액 50,000,000원, 가산세 10,000,000원, 예상 고지세액 60,000,000원"

주당 매각가격을 30,000원으로 적용한다면 주당 취득가액 10,000과의 차액인 주당 20,000원의 양도차익이 발생한다. 이렇게 계산했을 때 양도한 전체 지분에 대해서 양도소득세를 다시 계산하면 5,000만 원이 산출되고 3년 전에 그 만큼 세금을 적게 납부했으니 가산세 1,000만 원까지 더해서 이번에 6,000만 원을 납부해야 한다는 내용이다.

자신의 청춘을 바쳐온 회사에서 정당한 대우를 받지 못한 채 비자발적으로 퇴사한 것으로 억울한데 적지 않은 세금까지 추가로 납부해야 하는 상황에 놓이게 되고 만 것이다.

## ○ 세법상 주식가치 평가기준은 따로 있다

우선 세법상 주당 평가액 30,000원은 어떻게 계산된 것인지를 숙지할 필요가 있다.

일반적인 기업가치 평가방법과 달리 세무적인 관점에서 주식에 대한 세금을 부과하기 위해 사용되는 주식가치 평가기준이 존재한다. 비상장주식에 대해서는 재무제표상 순자산가치와 순손익가치를 가중평균해서 주식가치를 구하도록 상속세및증여세법(상증법)에 법으로 규정되어 있다. 순자산가치는 자산과 부채를 차감한 자본, 순손익가치는 최근 과거 3년 순이익을 가중평균해서 산출한다. 미래 영업이익을 추정하는 과정에는 추정이 반영되므로 세무상 평가기준은 상대적으로 추정이 배제되는 재무 정보를 기준으로 주식가치를 평가하도록 규정한 것이다.

T사 대표이사가 퇴사할 당시(2021년 말) T사 재무제표가 다음과 같다고 가정해 보자.

(단위 : 억 원)

| 재무상태표 | |
|---|---|
| 구분 | 2021년 12월 |
| 자산 | 50 |
| 부채 | (−) 25 |
| 자본 | 25 |

| 손익계산서 | | | |
|---|---|---|---|
| 구분 | 2019년 | 2020년 | 2021년 |
| 수익 | 16 | 18 | 20 |
| 비용 | (−) 14 | (−) 15 | (−) 16 |
| 이익 | 2 | 3 | 4 |

순자산가치는 재무상태표에 표시된 자본 25억 원이다. 순손익가치 산정을 위해서는 우선 3개년 순이익 평균을 구한다. 최근 이익에 가중치를 주어 다음과 같이 산출한다.

> **3개년 평균순이익**
>
> = (4억 원 x 3 + 3억 원 x 2 + 2억 원 x 1) / 6 = 3억 원

순손익가치는 3개년 평균순이익에 10를 적용하여 3억 원 x 10배 = 30억 원으로 계산된다.

요약하면 순자산가치는 25억 원, 순손익가치는 30억 원이다. 최종 주식가치는 순자산가치와 순손익가치에 각각 40%와 60%의 가중치를 주어 아래와 같이 산출된다.

> **전체 주식가치**
>
> = 순자산가치 25억 원 x 40% + 순손익가치 30억 원 x 60% = 30억 원

T사 발행주식수가 100,000주로 가정하면 1주당 가치는 30억 원을 100,000주로 나눈 30,000원으로 산출된다. 이 금액이 과세예고통지서에 반영된 주당 평가금액이다.

결국 T사 대표이사는 자신이 보유한 주식을 회사에 매도할 당

시 상기 세법상 규정에 의한 평가액을 기준으로 거래를 하고 양도소득세를 신고했어야 함을 의미한다. 당사자가 실제로 거래한 금액이 세법상 평가액과 다른 경우에도 세법상 평가액을 기준으로 거래를 했다면 산출될 세금을 부과하게 된다.

하지만 그는 퇴사 시점 주식양도가액 관련해서 회사에 세법상 주식평가에 필요한 재무제표를 요청하고 평가된 금액으로 거래를 할 입장이 되지 않았다. 관계가 좋지 않았던 경영진(공동창업자) 또한 그에게 재무 정보를 제공하지 않았고 주식거래로 인한 세무적인 이슈는 없을 것이라고 했던 기억이 있다.

그는 세무 전문가의 조력을 받아 과세예고통지에 대해서 당시의 상황과 주식 매매거래로 인한 세금회피 의도는 전혀 없었음을 세무조사관에게 수차례 설명하였고 다행히도 해당 과세예고통지는 과세하지 않는 것으로 종결할 수 있었다.

## ○ 주식이동에는 세법상 주식가치 평가가 필요

T사 대표이사는 예방주사를 강하게 맞았다. 함께한 팀원과 회사와의 아름다운 이별을 위해서는 세법기준에 의한 주식가치 평가가 필요하다는 것을. 회사가 새로운 주식을 발행하는 경우, 주주가 보유한 주식을 양도하거나 증여하는 경우, 타인으로부터 주식을 매입하거나 증여받는 경우 등 주식 변동이 발생하는 경우에는 세무 이슈가 있을 수 있음을 숙지해야 한다.

비상장주식에 대한 세법상 평가가 필요할 수 있음을 사전에 검토해야 한다. 무엇보다 세법상 주식가치 평가의 기준이 되는 것이 재무제표이므로 기본적인 회계지식 또한 선택이 아닌 필수다.

# 이익을 원하지 않는 기업도 있다 : 역분식

　유기농 건강식품 판매업을 영위하는 U사 대표이사는 결산 준비에 한창이다. 재무제표를 완성하고 회계감사를 받은 후 최종 재무제표를 U사 주식 70%를 소유한 외국소재 기업에게 보고해야 한다. 대표이사와 회계 책임자는 고민에 빠졌다. 이익이 많이 발생하면 곤란하기 때문이다. 손실은 면해야 하지만 과도한 이익은 피해야 한다. 그들이 이익을 원하지 않는 이유는 무엇일까? 이에 따라 회계감사인은 어떠한 판단을 했을까?

### ◯ 많은 이익을 원하지 않는 이유 : 과도한 배당을 피하기 위해서

　U사는 매년 약 5억 원 수준의 일정한 이익을 유지하고 있다. U사는 해외 다국적기업의 물품을 국내에 독점판매해 안정적인 매출을 달성하고 원가율 또한 큰 변동이 없기 때문이다. 현금과 예금

등 현금성자산 보유액도 약 30억 원 수준으로 양호한 편이다. 그러나 U사 대표이사는 과거 평균 수준 이상의 더 높은 이익을 원하지 않는다.

U사가 일정 수준 이상의 이익 발생을 반가워하지 않는 주요 이유는 과도한 배당을 피하기 위해서다. 외국 기업이 U사의 지분 70%를 보유하고 있어 이익 발생액의 일정 수준을 배당으로 그들이 가져간다. 이익 달성에 따른 U사 임직원이 받는 혜택보다 외국 주주들이 가져가는 돈이 더 많다. 이익은 외국기업으로의 자금 유출로 이어지기 때문이다.

U사 결산이 마무리되면 주주총회 결의를 통해 매년 배당결의가 진행된다. 배당금액은 이익의 50%에서 80% 수준이다. U사 임직원들은 자신들의 결실이 허무하게 외국으로 빠져나간다고 생각한 것이다. 이익이 반갑지 않은 것이다.

## ○ 이익을 줄이는 방법 또한 복식부기에 있다

U사는 이익을 줄여야 했다. 이를 위해 가능한 방법을 복식부기와 재무제표를 통해 살펴보자. 목표는 이익을 줄이는 것이다(③). 이익은 수익에서 비용을 차감해서 산출된다. 이익을 줄이기 위해서는 수익을 줄이거나(①), 비용을 늘이면 된다(②). 그렇게 되면 재무상태표상에서 자산이 줄어들거나(④), 부채가 늘어나(⑤) 자본이 줄어드는 결과가 되어 외국 기업으로 자금이 유출되는 상황을 막을 수 있게 된다.

[손익계산서와 재무상태표]

| 손익계산서 | |
|---|---|
| 수익 | ① ↓ |
| (−) 비용 | ② ↑ |
| = 이익 | ③ ↓ |

| 재무상태표 | |
|---|---|
| 자산 | ④ ↓ |
| (−) 부채 | ⑤ ↑ |
| = 자본 | ⑥ ↓ |

[복식부기 방법론]

| 왼쪽(차변) | | 오른쪽(대변) | |
|---|---|---|---|
| 자산(④), **비용(②)** | xxx | **부채(⑤)**, 자본(⑥), 수익(①) | xxx |

이익을 줄이기 위해 적용할 수 있는 일반적인 방법은 비용(②)과 부채(⑤)를 늘리는 것이다. 비용을 늘이기 위해 차변 표시 항목 중 비용을 선택한다. 자산으로 기재되어야 할 항목을 자산이 아닌 비용으로 반영하게 되면 자산은 감소(④)하고 비용은 증가(②)한다. 존재하지 않는 비용을 반영해서 비용을 증가시키는 경우도 있다(②).

수익을 줄이기 위해 대변항목 중 부채를 선택한다. 수익을 부채로 반영하면 수익은 감소(①)하고 부채는 증가(⑤)한다. 존재하지 않는 부채를 반영하는 경우도 있다(⑤). 이 외에도 이익을 감소시키기 위해 당기에 인식할 수익을 차기 이후로 연기하거나 미래에 인식해야 할 비용을 당기에 앞당겨서 인식하는 방법 등이 있다. 이 또한 기본적으로 비용과 부채를 늘이는 방법이다.

U사가 선택한 방법 또한 비용과 부채를 증가시켜 이익을 감소

시키는 것이었다. 비용과 부채 약 20억 원을 재무제표에 반영해서 이익을 20억 원 감소시켰다.

이익을 줄이기 위해 사용한 방법

| 왼쪽(차변) | | 오른쪽(대변) | |
|---|---|---|---|
| 비용 | 20억 원 | 부채 | 20억 원 |

문제는 U사가 반영한 회계처리는 기업회계기준을 위배했다는 점이다. 회계기준상 반영해야 할 정확한 금액보다 더 큰 금액을 퇴직급여(비용)와 퇴직급여충당부채로 인식했고 자산 항목을 비용으로 반영한 경우도 있으며 다음 연도에 반영해야 할 비용과 부채를 기업기준을 위배하면서까지 올해 비용과 부채로 인식한 항목도 존재했다.

## 이익을 줄이는 것도 분식이다

이익을 실제보다 적게 인식하는 것을 역분식회계라 한다. 이익을 부풀리는 분식회계와 달리 이익을 낮추려는 주요 요인은 어떤 것이 있을까?

**첫째, U사와 같이 주주로부터 과도한 배당 요구를 회피하기 위한 경우가 있다.** 배당은 재무제표에 나타난 이익을 기준으로 진행되기 때문에 배당을 줄이려면 이익을 낮추어야 한다.

**둘째, 세금을 회피하기 위해서다.** 법인세는 손익계산서 이익을 기준으로 산출되므로 회계상 이익을 축소시켜 법인세 부담을 낮추려는 경우다. 주주가 친인척들로 구성된 회사의 경우 이익을 보고해야 할 이해관계자가 많지 않으므로 이익 증가보다 법인세 절감이 우선적인 목표가 되는 경우가 있고 법인세 회피를 위해 역분식이 이용된다.

**셋째, 종업원의 임금인상 요구를 억제하기 위해 역분식을 행하는 회사도 더러 있다.** 이익을 숨기고 낮추어 서류상 최소한의 이익만을 나타나게 한다. 현금은 쌓여가는데 장부상 손실이 발생하는 경우가 발생하기도 한다.

## ○ 역분식도 회계부정이다

일부 경영자들은 이익을 부풀리는 분식회계에 비해 이익을 작게 인식하는 것은 큰 문제가 되지 않는다고 생각하기도 한다. 실제로 회계감사를 수행하는 경우 주요 검토사항은 비용 항목을 자산으로 인식하거나 부채를 누락한다거나 수익을 실제보다 크게 인식해서 이익을 부풀리는 항목들이다.

하지만 역분식도 회계부정이다. 회계감사를 진행하는 경우 분식회계와 더불어 역분식회계 항목도 재무제표 수정권고 대상이다. 역분식을 위해 특정 연도에 이익을 실제보다 감소시키면 차기 이후 회계연도에는 이익이 실제보다 커질 수 있다. 예를 들어 올해 기준금액 이상의 충당부채를 인식했다면 미래 어느 시점에서는 필요 이상으로 인식한 부채를 줄여주는 과정에서 이익이 증가할 수 있기 때문이다. 현재의 역분식회계는 이익의 인위적인 조작으로서 미래에 분식회계로 이어질 수 있다.

회계기준을 위반한 이익 증대에 관심을 가지는 회계감사와 달리 세무 관점에서는 부정한 이익의 감소가 관심의 대상이다. 비용을 부풀리고 수익을 감소시키고 이익을 축소시켜 세금을 탈루한 항목은 없는지 여부가 세무당국의 검토사항이다. 역분식은 불법적인 탈세로 이어져 세금폭탄이 터질 수 있음을 명심해야 한다.

마지막으로 세금 측면에서 살펴보자. 세금은 국가가 나라 살림을 위해 필요한 재원이다. 필요한 조세 예산은 정해져 있다. 어느 기업이 역분식회계를 통해 세금을 불법적으로 적게 납부한다면? 필요한 세금은 부족해지고 누군가는 이를 메워야 한다. 누군가는 바로 일반 시민들이다. 국가는 조세 인상이 필요한 경우 법인에게 적용되는 법인세에 비해 개인에게 적용되는 소득세를 먼저 인상한다. 기업의 역분식회계로 인해 피해를 보게 되는 당사자는 바로 우리 자신일 수 있다.

U사는 회계감사 수정권고를 일정 부분 수용해서 재무제표를 수정했다. 비용과 부채로 반영한 20억 원 중 일정 금액을 취소해 이익을 올바른 금액으로 증가시켰다. 올해 수정하지 않은 금액은 다음 연도 이후에 이익으로 반영되어야 할 부분임을 숙지해야 한다. 역분식도 분식이다.

# 30 상장을 위해 넘어야 할 회계관문 : 금감원 지정감사

바다 위 플로팅 스마트팜을 운영하는 V사는 IPO(Initial Public Offering)를 준비 중이다. IPO는 비상장기업이 주식과 경영내용을 공개하는 것으로 일반 투자자들이 주식을 거래할 수 있도록 증권시장에 상장하는 것을 의미한다(이하 '상장' 또는 'IPO'라 표현함). V사는 설립 7차에 접어들었고 독자적인 기술 경쟁력으로 설립 이후 투자금 약 300억 원을 유치했다. V사는 상장을 통해 더욱 성장하고 투자자들은 투자금을 회수할 수 있다.

V사 상장을 위해 두 개 회계법인(a와 b)이 수개월째 재무제표와 씨름 중이다. 한 곳(b)은 V사의 회계감사를 담당하고 또 다른 한 곳(a)은 회계감사를 받기 위한 재무제표 작성과 필요한 자료 준비를 지원해주는 역할을 맡았다. 상장을 위한 회계 관문을 넘기 위한 과정이다.

## ○ IPO 첫 번째 회계관문 : 기업회계기준 전환

상장을 위해서는 금융감독원 등 감독기관이 정하는 여러 요건을 충족해야 한다. 그중 회계와 관련된 요건이 있다. 기업회계기준을 일반기업회계기준에서 국제회계기준(IFRS, International Financial Reporting Standard)으로 변경해야 한다. 기업회계기준은 비상장기업에 적용되는 일반기업회계기준과 상장기업이 의무적으로 적용하는 국제회계기준이 있는데 상장을 진행하려는 비상장기업은 국제회계기준을 적용해야 한다.

회계기준을 변경한다는 것은 새로운 회계기준을 적용해서 재무제표를 다시 만들어야 한다는 의미다. 이를 'IFRS 컨버전(Conversion)'이라 표현하기도 한다. 일반기업회계기준과 국제회계기준과의 차이 항목을 회사에 반영해서 과거 3개년 재무제표를 다시 작성해야 한다

이 절차는 회계 프로그램을 통해 자동으로 산출되지 않는다. 회계기준 차이는 다양하다. 한 회사가 보유한 다른 회사 주식 평가금액을 반영하는 방법, 감가상각 방법, 영업권상각 방법, 퇴직급여충당금 인식 방법, 부채와 자본 분류, 매출 인식기준 등 재무제표 구성 항목별 검토를 통해 모두 수작업을 거쳐 새로운 기준에 의한 재무제표가 탄생한다. 첫 번째 관문이다.

## ○ 첫 번째 관문을 넘어라

| 일반기업회계기준 | ⇒ | ① 전환 | 국제회계기준 | ⇒ | ② 지정감사인 회계감사 |
|---|---|---|---|---|---|
| 재무제표 | | | 재무제표 | | |
| 회계팀 또는 외부업체 | | a회계법인 | | b회계법인 | |

첫 번째 관문을 통과하기가 쉽지 않았다. V사 내부에 회계업무를 총괄하는 담당자가 존재하지 않아 재무제표 작성을 위한 기초자료들이 체계적으로 관리되지 않았고, V사 재무제표는 외부 세무회계사무소가 작성하고 있었다. 설립 후 7년간 재무제표를 작성하는 외부 업체와 해당 업무 담당자 또한 여러 번 변경되어 과거 거래 발생 내역을 파악하기 힘든 항목들이 다수 존재했다.

대표이사는 공학도 출신으로 재무제표에는 관심이 적었고 '외부 업체가 알아서 해주겠지'라는 생각이 앞섰다. V사 재무제표는 투자자가 요구하는 경우 급히 작성되었고 매년 법인세 신고를 위해 신고 일정에 임박해 마치 도깨비 방망이를 이용한 듯 뚝딱 만들어지고 있었다.

a회계법인이 컨버전 업무를 수행하는 과정에서 과거 재무제표 오류 사항들이 다수 발견되었다. 타회사 주식에 대한 평가손실(손상차손), 감가상각 오류, 매출 순액과 총액 인식 오류, 기타 자산부채 과대 혹은 과소 인식한 오류 등이 검토되었다. 이 오류들을 수정해 과거 재무제표에 반영하고 다시 새로운 기준을 반영해서 재무제표가 탄생했다. 드디어 첫 번째 관문을 통과한 것이다.

## 최종 회계관문 : 지정감사

| 일반기업회계기준 | ⇒ | ① 전환 | 국제회계기준 | ⇒ | ② 지정감사인 회계감사 |
|---|---|---|---|---|---|
| 재무제표 | | | 재무제표 | | |
| 회계팀 또는 외부업체 | | a회계법인 | | | b회계법인 |

첫 번째 관문을 거쳐 국제회계기준에 의한 재무제표가 탄생하면 마지막 관문이 있다. 더욱 험난한 이 단계에서는 금융감독원이 지정하는 회계법인으로부터 회계감사를 받아야 한다. 이를 지정감사라 한다. 회사가 원하는 회계법인에게 회계감사를 받았던 과거와는 완전히 다른 상황이다.

이른바 갑과 을의 위치가 바뀌게 된다. 회계법인이 갑질을 한다는 의미는 아니다. 상장은 수많은 이해관계자들이 존재하므로 더욱 엄격하고 세밀한 잣대로 재무제표를 들여다본다는 의미다. 이를 위해 지정감사를 담당하는 회계법인은 수많은 인력과 시간을 투입해야 한다. V사의 감사보고서에 의하면 지정감사인이 감사업무에 투입한 인원과 시간은 15명, 1,300시간으로 다른 회계법인이 수행했던 전기 임의감사 4명, 200시간에 비해 4~6배 높은 수준이다. 참고로 회계감사 보수 또한 그에 상응하는 수준으로 오르게 된다는 사실도 알아두자.

V사 지정감사를 담당하게 된 b회계법인 또한 힘든 과정을 겪어야 했다. 재무제표가 a회계법인에 의해 1차 관문을 통과해서 나온 산물이지만 그들의 높은 기준을 충족시키지 못하는 부분이 많았

기 때문이다. 과거 회계 오류들이 추가로 발견되었고 이에 대한 자료와 거래내역을 아는 담당자가 없었다. 7년간 쌓여온 방대한 회계자료 속에 오류들이 곳곳에 숨어 있었던 것이다.

국제회계기준이 일반기업회계기준과 달리 구체적 회계처리가 아닌 원칙을 제시하고 있다는 점도 2차 관문이 쉽게 통과되지 않은 이유 중 하나다. 즉 국제회계기준을 적용할 경우 원칙에 따른 판단에 따라 서로 다른 회계처리가 반영될 수 있다. 회사와 회계감사인 사이에 서로 다른 의견이 존재할 경우 보다 합리적인 방법을 찾는 과정이 쉽지만은 않다.

b회계법인이 회계감사를 수행하는 동안 a회계법인은 V사를 도와서 회계감사에 대응하는 역할을 했다. 두 회계법인 간 협의와 때로는 논쟁이 이어졌고 감사 완료는 예정되었던 마감일보다 4개월을 훌쩍 넘겼다. 이러한 절차를 통해 2차 관문이 마무리되었다.

## ○ 스타트업의 로망 IPO : 회계관문도 있음을 인식하자

IPO는 대부분의 스타트업 기업소개 자료에 투자금 회수를 위한 EXIT 전략으로 등장한다. 그렇다면 대망의 IPO를 위해 경영자가 유념해야 할 내용은 무엇일까?

**첫째**, 스타트업 기업은 스케일업을 통해 자금을 유치하고 IPO를 향한 여정에서 준비해야 할 것이 많지만 회계 관문도 있음을 인식하자. 국제회계기준을 적용한 재무제표 작성과 지정감사다.

**둘째**, 회계장부 작성을 외부에 맡기는 경우 '그들이 알아서 잘

해주겠지'라는 생각은 금물이다. 경영자 스스로 먼저 챙기고 요청해야 한다. 1년에 한 번 세금 신고기간에 임박해 재무제표가 급히 작성되는 경우가 많다. 세무회계사무소 직원들 변동이 빈번해서 과거 회계자료가 보관되지 않고 적절한 인수인계가 되지 않는 경우도 있다. 반기 또는 분기별로 재무제표를 요청하고 회사 재무제표를 들여다보자. 필요하면 설명을 요청하자. 단 이에 상응하는 보수는 지급해야 한다.

**셋째**, 재무정보는 회사가 설립된 순간부터 청산 후 없어지는 순간까지 누적해서 쌓여가며 결과가 재무제표에 나타난다. 한 번 잘못된 회계정보 입력은 이후 기간에 계속 영향을 미친다는 의미다. 과거 오류가 미래에 발견된 경우 과거 재무제표를 수정해야 하는 경우가 실무적으로 흔히 발생한다. 시간과 인력 자원의 낭비가 뒤따른다. 재무정보의 대외 신뢰성도 떨어진다. 거래가 많이 발생하지 않는 스타트업 초기 단계부터 진실된 재무정보를 차곡차곡 쌓아가야 한다. 이 과정에서 주체는 항상 회사가 되어야 한다. 재무제표 작성 책임은 회사에게 있음을 명심해야 한다.

V사는 IPO를 위한 회계 관문을 힘겹게 넘었지만 회사 내부 사정 등으로 상장 절차는 잠시 미루기로 결정했다. 언젠가 다시 회계 관문 통과를 위한 절차를 진행해야 한다. 그때는 이번보다 조금 더 어렵지 않고 **빠르게** 관문을 통과하고 성공적인 IPO를 할 수 있길 희망한다.

# 2부

## 꼭 알아야 하는 회계 개념

# 1 재무제표는 무엇인가?

## ○ 기업의 언어, 회계

언어는 다른 사람과 소통하는 데 꼭 필요한 수단으로, 서로 동일한 언어를 사용해야 각자의 의견을 정확하게 설명할 수 있다. 언어는 비단 사람의 말만 지칭하지 않는다. 컴퓨터가 실행해야 할 명령어를 컴퓨터 언어라고 하는 것처럼 말이다.

이와 마찬가지로 회계는 기업의 경영활동을 나타내는 언어라고 할 수 있다. 재무제표는 회계 언어로 표현되는 산출물로, 그 종류는 손익계산서, 재무상태표, 자본변동표, 현금흐름표가 있다. 그렇기 때문에 회계를 알고 재무제표를 보면 기업의 경영활동을 이해할 수 있다.

여기서는 손익계산서와 재무상태표를 살펴보고자 한다. 손익계산서는 특정 경제 주체(이하 '기업'이라 표현)가 일정 기간 벌어들인 돈과 지출한 돈을 보여주는 회계장부다. 재무상태표는 기업이 특정 시점 현재 가지고 있는 재산 현황을 보여주는 회계장부다.

## ❓ 벌어들인 돈과 지출한 돈을 보여주는 것이 '손익계산서'다

손익계산서는 특정 경제주체가 일정 기간 벌어들인 돈과 지출한 돈을 나타낸다. 결혼을 위한 소개팅 장소를 잠시 상상해보자. 이런저런 이야기를 나눈 후 본격적으로 재정적인 이야기를 나눈다고 하자. "연봉이 얼마인가요?" 상대에게 질문을 던졌다. 이 질문을 회계적으로 해석하면 특정 경제주체(잠재 결혼후보)가 일정 기간(1년) 동안 얼마를 버는지를 물어본 것이다. 이 질문을 통해 얼마를 벌고(수익) 얼마를 쓰는지(비용), 그래서 남은 돈(이익 또는 손실)이 얼마인지를 파악한 것이다. 손익계산서 측면의 질문이다

손익계산서를 이해하고 해석하기 위해서는 몇 가지 개념이 필요하다.

**첫째, 특정 경제주체다.** 돈을 벌고 쓰는 주체가 A라는 기업인지, B라는 기업인지를 보여준다. 참고로 연결손익계산서라는 것이 존재한다. A와 B 기업을 하나의 기업(경제실체)으로 보아 A와 B의 손익을 하나로 합산해서 손익계산서를 작성하는 경우다.

**둘째, 일정 기간이다.** 벌어들인 돈과 지출한 돈의 측정 기간이다. 우리가 상대에게 "얼마 버나요?"라고 묻는다면 어떤 대답을 들을 수 있을까? "월급이 얼마입니다. 연봉이 얼마입니다. 저는 일용직으로 일당이 얼마입니다"와 같이 일정 기간의 개념이 답변에 추

가된다. 일반적으로 손익계산서 작성 주기는 1년이지만 월, 분기, 반기 등 작성자 기준에 따라 설정될 수 있다.

**셋째, 벌어들인 돈에서 지출한 돈을 차감하면 남은 돈이 산출된다.** 결국 손익계산서는 궁극적으로 남은 돈이 얼마인지를 보여준다. '수익'은 벌어들인 돈이고 '비용'은 돈을 벌기 위해 쓴 돈이다.

정리하자면, 손익계산서는 '특정 경제주체가 일정 기간 동안 창출한 수익과 지출한 비용을 보여주는 회계보고서'라고 할 수 있다.

## 현재 가진 재산을 보여주는 것이 '재무상태표'다

연봉을 알게 된 후 다음 질문은 무엇일까? 회계적인 질문으로 접근할 필요가 있다. "(그래서) 지금 가진 재산이 얼마인가요?"가 될 것이다. 이 질문이 바로 재무상태표 측면의 질문이다. 재무상태표는 특정 경제주체가 특정 시점에 가진 재산을 보여주는 회계장부인데 몇 가지를 살펴볼 필요가 있다.

**첫째, 손익계산서는 일정 기간 동안의 수익과 비용을 나타내는 반면 재무상태표는 특정 시점의 재산을 보여준다.** 연 결산을 한다면 12월 31일, 반기 결산을 한다면 6월 30일, 분기 결산의 경우 3월 31일, 6월 30일, 9월 30일, 12월 31일이 된다. 이는 작성 기준에 따라 정해질 수 있다.

**둘째, 특정 경제실체가 가진 '재산'이다.** 자신의 전체 재산은 순수한 자신의 것과 남에게 갚을 것으로 구분해서 접근한다. 내가 가진 돈 3억 원과 은행에서 2억 원을 빌려 시가 5억 원 아파트를 자신의 명의로 구입했다면? 나의 전체 재산은 5억 원이다. 이 중에서 2억 원은 남에게 갚을 돈이다. 결국 나의 순재산은 3억 원이다. 회계에서 전체 재산을 '자산', 남에게 갚을 돈을 '부채'라 한다. 순재산을 '자본'이라 한다. 자본은 자산에서 부채를 차감하면 구해진다.

재무상태표는 '특정 경제주체가 특정 시점에 보유한 자산과 부채를 보여주는 회계보고서'라고 할 수 있다.

## 손익계산서와 재무상태표를 왜 알아야 하나?

재무제표는 기업의 생존 기록이다. 기업이 목표로 하는 이익을 창출하고 성장하는 과정에서 기업활동 결과가 재무제표에 표시된다.

손익계산서는 일정 기간 동안의 수익과 비용을 집계하고 이익 또는 손실을 산출해서 보여준다. 재무상태표는 특정 시점의 자산과 부채를 나타내므로 설립 이후 누적적으로 자산과 부채를 관리해 나가고 손익계산서에서 산출된 매 연도의 이익을 자본 항목에 포함해서 함께 보여준다.

회계를 통해 재무제표를 작성하는 과정에는 '계속기업 가정'이 반영된다. 계속기업 가정이란 기업이 망하지 않고 영원히 존속한다는 가정이다. 기업은 이러한 가정을 실현시키기 위해 노력하고 그 결과가 재무제표로 나타나는 것이다.

손익계산서를 통해 경제 주체의 손익을 알 수 있고, 재무상태표를 통해 기업 설립 이후 현재까지 누적된 손익을 포함한 재산 현황을 파악할 수 있다. 이를 통해 손익계산서와 재무상태표는 기업의 미래 손익 예측과 성장 및 생존 가능성에 대한 기본적인 판단 기준이 된다.

재무제표 : 손익계산서, 재무상태표

| 재무제표 | | |
|---|---|---|
| 손익계산서<br>(얼마 벌고 얼마 쓰나요?) | → | 재무상태표<br>(지금 재산은 얼마인가요?) |
| 번 돈 (= **수익**)<br>(−) 쓴 돈 (= **비용**) | | 전체 재산 (= **자산**)<br>(−) 갚을 돈 (= **부채**) |
| 남은 돈 (= **이익 또는 손실**) | | 순 재산 ( = **자본**) |

# 2

## 왼쪽과 오른쪽 찾기
## : 복식부기

재무제표는 복식부기에 의해 작성된다. 복식부기는 거래의 원인과 결과 두 가지 측면을 모두 기록하는 방법이다. 재무제표 작성을 외부에 의뢰하는 경영자도 재무제표가 어떤 과정을 통해 작성되는지 기본은 알아야 한다. 이를 통해 자신의 경영상태와 재무 현황을 이해하고 설명할 수 있어야 한다. 복식부기 방법론을 살펴보자.

### ○ 거래의 구분은 자산과 부채(자본), 수익과 비용으로

복식부기 첫 번째 단계는 거래의 종류를 분류하는 것이다. 경영활동 과정에서 발생하는 수많은 거래를 어떻게 분류할 수 있을까? 답은 복식부기의 목표인 재무제표에 있다. 재무상태표에는 자산과 부채가 손익계산서에는 수익과 비용이 표시된다. 이에 따라 거

래를 자산과 부채, 수익과 비용으로 구분하면 된다

 자산은 경제적 가치 있는 재산이다. 부채는 남에게 갚아야 할 돈이다. 전체 '자산'에서 남에게 갚을 돈인 '부채'를 차감하면 순재산인 자본이 구해진다. 수익은 일정 기간 벌어들인 돈, 비용은 돈을 벌기 위해 즉, 수익을 창출하기 위해 지출한 돈이다. 벌어들인 수익에서 지출한 비용을 차감하면 이익 또는 손실이 산출된다. 자본은 자산에서 부채를 차감해서 구해지지만 독립적인 자본 거래도 있다. 정확히는 거래를 자산과 부채, 자본, 수익과 비용으로 구분한다.

## ○ 구분한 거래를 기록 : 왼쪽 또는 오른쪽

 다음 단계는 분류된 자산, 부채(자본), 수익, 비용을 기록하는 것이다. 복식부기는 하나의 거래에 대해 분류된 자산, 부채(자본), 수익, 비용을 두 군데에 기록한다. 이를 위해 왼쪽, 오른쪽 두 개의 영역이 필요하고 회계에서는 차변, 대변이라 표현한다. 자산, 부채(자본), 수익, 비용을 왼쪽과 오른쪽 어디에 기록할지를 정하면 된다.

 자산과 비용을 왼쪽에 기록한다. 나머지 부채(자본)와 수익을 오른쪽에 위치시킨다. 만약 각각의 항목이 감소한다면 반대편으로 보내면 된다. 자산의 증가와 비용의 증가를 왼쪽에 기록하되 자산과 비용이 감소하는 경우 오른쪽에 기록하는 것이다. 마찬가지로 부채(자본)와 수익의 증가를 오른쪽에 기록하고 부채(자본)와 수익이 감소하는 경우 왼쪽에 기록하는 것이다. 헷갈리면 '자산과 비용을 왼쪽에' 쓴다는 것만 기억하자. 나머지는 오른쪽이다.

왼쪽과 오른쪽에 기록되어 있는 자산과 비용, 부채(자본)와 수익을 각자의 방으로 모으면 재무제표가 탄생한다. 이것이 복식부기의 거의 전부다.

[복식부기 방법론]

| 왼쪽(차변) | | 오른쪽(대변) | |
|---|---|---|---|
| **자산, 비용** | xxx | 부채, 자본, 수익 | xxx |

복식부기 실습

거래1 : a사는 고객에게 제품을 판매하고 1,000만 원을 현금으로 수령했다.

거래2 : a사는 제품을 제작하기 위해 800만 원을 현금으로 지출했다.

## ○ 거래의 종류 구분 : 자산, 부채(자본), 수익, 비용?

거래1의 경우 a사는 제품을 판매한 결과 현금 1,000만 원이 증가했다. 현금은 경제적 가치 있는 자산이다. 제품을 판매한 거래는 수익이다. 거래1로 인해 현금 자산 1,000만 원 증가, 제품 판매로 인한 수익 1,000만 원이 증가했다.

거래2를 살펴보자. 현금 800만 원이 감소했다. 제품 제작을 위한 지출이 발생했기 때문이다. 제품 제작을 위해 지출한 금액은 수익창출을 위해 발생한 비용이다. 거래2의 결과 현금 자산 800만 원 감소하고 수익 창출을 위한 비용 800만 원이 증가했다.

## ○ 구분한 거래를 기록 : 왼쪽 vs 오른쪽?

분류된 거래를 정해진 위치에 기록한다. 이를 분개(分介)라 한다. 분개는 장부를 작성할 때 거래내용을 차변과 대변으로 나누어 적는 것을 의미한다. 이것이 복식부기를 위해 회계 프로그램에 실제로 입력해야 하는 내용이다.

자산과 비용이 왼쪽이다. 부채(자본)와 수익이 오른쪽이다. 각 항목이 감소하는 경우 건너편으로 가면 된다. 거래1에서 증가한 현금 1,000만 원은 자산의 증가로 왼쪽이다(①). 증가한 수익 1,000만 원은 오른쪽이다(②). 거래2에서 감소한 현금 800만 원은 자산 원래의 왼쪽에서 건너편인 오른쪽에 위치한다(③). 증가한 비용 800만 원은 왼쪽이다(④).

**[복식부기 거래기록 : 분개]**

|  | 왼쪽(차변) | | 오른쪽(대변) | |
|---|---|---|---|---|
| 거래1 | ① 현금(자산 증가) | 1,000 | ② 제품판매(수익 발생) | 1,000 |
| 거래2 | ④ 제품제작비용 등(비용 발생) | 800 | ③ 현금(자산 감소) | 800 |
|  | 차변 금액합계 | 1,800 | 대변금액 합계 | 1,800 |

이 결과 차변과 대변에 입력된 금액의 합계는 일치한다. 이를 회계에서는 대차평균의 원리라고 표현한다. 복식부기의 핵심은 균형이다. 균형의 첫 번째 판단 기준은 차변과 대변 금액의 일치 여부다. 두 번째 기준은 무엇일까? 생각해보자.

## ○ 재무제표의 탄생

왼쪽과 오른쪽에 모여 있는 거래들을 서로가 가야 할 곳으로 보내준다. 수익과 비용은 손익계산서, 자산과 부채(자본)는 재무상태표에 집계하면 재무제표가 탄생한다. 더하기, 빼기 실력이 필요하다. 전산프로그램에서는 입력된 분개를 통해 자동으로 수행된다.

**[재무제표 작성]** (단위 : 만 원)

| 손익계산서 | | | 재무상태표 | | |
|---|---|---|---|---|---|
| I. 수익<br>제품판매 | 1,000 | ② | I. 자산<br>현금 | 200 | ①-③ (1,000-800) |
| | | | 자산합계 | 200 | |
| II. 비용<br>제품제작 등 | 800 | ④ | II. 부채 | - | |
| | | | III. 자본(I-II) | 200 | |
| III. 이익(I-II) | 200 | | 부채와 자본 합계 | 200 | |

지금까지 살펴본 복식부기 방법론을 간략히 요약하면 다음과 같다.

[복식부기 방법론 요약]

| ①거래종류 구분 | ② 거래를 기록할 위치를 파악 (복식부기 기장 : 분개) | | ③ 기록된 거래를 방으로 모은다 (재무제표) | |
| --- | --- | --- | --- | --- |
| | 왼쪽(차변) | 오른쪽(대변) | 손익계산서 | 재무상태표 |
| 자산 | | | | |
| 부채(자본) | 자산 | 부채(자본) | 수익 | 자산 |
| 수익 | 비용 | 수익 | (−)비용 | (−)부채 |
| 비용 | | | 이익(손실) | 자본 |

# 3 재무상태표 해석하기

**○ 1년 이내 현금화 가능 여부로 유동자산과 비유동자산으로 나눈다.**

자산의 회계학적 정의는 미래 경제적 효익이다. 쉽게 이해하면 미래에 돈이 되는 것이다. 1년을 기준으로 1년 이내 돈이 될 수 있는 자산을 유동자산, 이외의 경우 비유동자산으로 나눌 수 있다.

유동자산은 1년 이내 돈이 되는 자산이다. 현금, 만기 1년 이내 예적금, 거래처로부터 받아야 할 외상매출금, 타인으로부터 1년 이내 돌려받아야 할 대여금 등이 있다. 이들을 당좌자산(Quick Assets)이라 하고 비교적 빨리 현금화될 수 있다는 의미다. 유동자산에는 판매 목적으로 보유 중인 재고자산도 포함된다. 재고자산은 원재료, 상품이나 제품으로서 고객에게 판매를 통해 현금화할 수 있다. 당좌자산보다는 돈이 되는 기간이 조금 느리다.

비유동자산은 미래 경제적 효익을 창출하기까지 기간이 1년을 초과하는 자산이다. 돈이 되는데 시간이 좀 걸린다. 만기 1년 초과 예적금, 장기로 투자하는 다른 회사 주식, 1년을 초과해 만기까지 보유 중인 채권 등이 있다. 이들을 투자자산이라 한다. 기업 여유자금 운용 목적으로 장기간 투자한 자산이다.

기업의 영업활동을 위해 보유 중인 유형자산도 비유동자산에 속한다. 토지, 건물, 기계장치, 비품 등으로서 기업의 수익창출 활동을 위해 장기간 보유하는 것이다. 눈에 보이지 않는 무형자산도 있다. 특허권, 전산 소프트웨어, 영업권 등도 보유 성격은 유형자산과 유사하다. 기타의 비유동자산으로는 사무실 임대를 위해 건물주인에게 지급한 임차보증금(계약 만기 시 돌려받을 돈)이 있다.

유동자산에 속하더라도 1년 이후 현금화 시기(만기)가 도래하면 비유동자산으로, 비유동자산에 속하더라도 1년 이내에 현금화 시기(만기)가 도래하면 유동자산으로 재분류해야 한다. 예를 들어 고객으로부터 받아야 할 매출 대금을 1년 이내 회수할 수 없다면 비유동자산으로 분류해야 한다. 장기로 투자한 투자자산의 만기가 1년 이내 도래한다면 유동성으로 분류한다.

자산을 유동자산과 비유동자산으로 구분해 살펴보는 이유는 기업이 가진 전체 자산 중 현금화 가능 자산의 정도를 파악하기 위함이다. 기업 운영을 위해서는 자금이 소요되고 이를 기간별로 어느 정도 감당할 수 있는지를 판단하는 기준이 된다.

재무제표 이용자가 재무상태표 자산에서 주의깊게 살펴봐야 할 사항으로는 해당 자산이 실제 존재하는 것이지(실재성) 여부와 각 항목이 표시하는 금액만큼 돈이 될 수 있을지 여부(자산성)다. 그렇지 않다면 자산이 아닌 비용으로 반영해야 한다.

[자산 주요항목]

| 구 분 | | 주요 항목 |
|---|---|---|
| 유동자산 | 당좌자산 | 현금, 예적금, 외상매출금, 단기대여금 등 |
| | 재고자산 | 원재료, 상품, 제품 |
| 비유동자산 | 투자자산 | 예적금(1년 초과), 투자주식, 투자사채 등 |
| | 유형자산 | 토지, 건물, 기계장치, 차량, 비품 등 |
| | 무형자산 | 특허권, 소프트웨어, 영업권 |
| | 기타비유동자산 | 임차보증금 등 |
| 자산 합계 | | 실재로 있는가? 돈이 되는가(가치가 있는가)? |

## ● 1년 이내 지출 의무 여부로 유동부채와 비유동부채로 나눈다

부채는 남에게 갚아야 할 돈이다. 유동부채는 1년 이내에 갚아야 할 부채다. 이는 내년에 당장 필요한 자금이므로 자금흐름 측면에서 중요하다. 비유동부채는 상환기간이 1년을 초과해서 도래하는 것이다. 유동부채보다 조금 더 여유가 있다.

유동부채에는 1년 이내에 지급해야 할 거래처 원재료 매입대금(외상매입금 또는 매입채무라 표현한다), 법인세, 남에게 빌려온 차입금 등이 있다. 비유동부채에는 상환기일(만기)이 1년 이후 도래하는 차입금, 사채, 퇴직급여충당부채 등이 있다.

　유동부채 항목이 1년 이후 상환기일이 도래하면 비유동부채로, 비유동부채 항목이 1년 이내에 상환기일이 도래하면 유동부채로 재분류해야 한다. 1년 이후 상환기일이 도래하는 장기차입금 중 1년 이내에 상환기일이 도래하는 부분에 대해서는 유동부채 항목인 유동성장기부채 항목으로 분류해주어야 한다. 이를 통해 정보이용자는 회사의 미래 현금유출 시기에 대한 정확한 정보를 파악할 수 있다. 부채에서 유의할 사항은 유동부채와 비유동부채가 적절히 분류되었는지 여부다. 재무제표에 부채로 반영되어야함에도 포함되지 않은 항목이 존재하는지도 검토해야 한다.

[부채 주요항목]

| 구 분 | 주요 항목 |
| --- | --- |
| 유동부채 | 매입채무, 단기차입금, 미지급법인세, 미지급비용, 유동성장기부채 등 |
| 비유동부채 | 장기매입채무, 장기차입금, 퇴직급여충당부채 등 |
| 부채합계 | 갚아야 할 금액총계, 시기, 누락된 항목은 없는지? |

## ◯ 재무상태표에서 중요한 두 가지 재무비율

　다음 페이지 표에 나와 있는 a사 재무상태표 사례를 통해 중요한 두 가지 재무비율을 살펴보자. 이들은 투자유치, 기업 신용등급 평가, 금융기관 대출협상, 회계감사 과정에서 중요한 고려사항이 된다.

[a사 재무상태표 사례] (단위: 만 원)

| 구분 | 금액 | 구분 | 금액 |
|---|---|---|---|
| 유동자산 | 300 | 유동부채 | 500 |
| 비유동자산 | 700 | 비유동부채 | 300 |
|  |  | 부채합계 | 800 |
| 자산합계 | 1,000 | 자본 | 200 |

[부채비율, 유동비율]

| 부채비율 | | 유동비율 | |
|---|---|---|---|
| 부채① | 800만 원 | 유동자산① | 300만 원 |
| 자본② | 200만 원 | 유동부채② | 500만 원 |
| 부채비율(①/②) | 400% | 유동비율(①/②) | 60% |
| ⇒ 낮을수록 유리 | | ⇒ 높을수록 유리 | |

**첫째, 부채와 자본의 비교다.** 부채 800만 원은 자본 200만 원의 몇 배인가? 이는 순재산인 자본에 비해 남에게 갚아야 할 부채 수준이 어느 정도인지를 나타내는 지표로서 부채비율이다. a사의 부채비율은 400%로 자본에 비해 갚아야 할 부채가 4배다.

**둘째, 유동부채와 유동자산의 비교다.** 유동부채는 500만 원이며 유동자산은 300만 원이다. 유동비율은 1년 이내 갚아야 할 부채 금액 대비 1년 이내 현금화가능한 유동자산 수준을 나타내는 지표다. a사의 유동비율은 60%로서 1년 이내 갚아야 할 돈에 비해 보유 중인 유동자산은 약 60% 수준으로 해석할 수 있다.

이처럼 재무상태표는 자산과 부채, 자본, 1년을 기준으로 한 유동자산, 비유동자산, 유동부채, 비유동부채 정보를 통해 기업의 재무상태와 재무건전성을 파악할 수 있다. 재무비율은 a사의 기간별 변화와 동종 업종 기업과 비교를 통해 적정성 여부를 판단한다.

유동비율과 부채비율은 정부지원사업 주요 요건으로 포함되는 경우가 있으므로 경영자는 기본개념을 숙지할 필요가 있다.

# 수익과 비용, 이익의 차이는 무엇인가?

    수익과 이익의 개념을 구분할 필요가 있다. 많은 사람들이 두 용어의 개념을 모르는 상태에서 수익과 이익을 같은 의미로 쓰곤 한다. 아니면 수익을 써야 할 자리에 이익을 또는 반대의 경우도 나타난다. 회계에서 말하는 두 용어의 의미는 완전히 다르다.

    해답은 심플하다. '수익'은 벌어들인 돈이고 '이익'은 남는 돈이다. 그리고 여기에 더해 한 가지 의미를 더 알자면 '비용'이 있다. '비용'은 돈을 벌기 위해 쓴 돈을 말한다.

## ◐ 벌어들인 돈이 '수익'이다

    수익은 특정 경제주체가 번 돈이다. 직장인이라면 회사로부터 수령하는 급여가 수익이다. 사업자는 재화 또는 용역을 공급한 대가로 고객으로부터 수령하는 돈이 수익이다. 프리랜서의 경우 거래상대방에게 특정 업무 제공의 반대급부로 수령하는 금액이 수익이다. 용어는 중요하지 않다.

"이번 달 매상은 얼마입니다. 올해 수입은 이 정도 밖에 안되요. 올해는 수익이 좋지 않아요. 우리 회사는 설립 초기라 아직 매출이 없어요. 내년에는 수익이 좋아져야 할텐데 걱정이네요."

이런 대화에서 한 가지만 기억하면 된다. 수익은 누군가 일정 기간 벌어들인 돈이다.

## ○ 돈을 벌기 위해 쓴 돈이 '비용'이다

돈을 벌기 위해서는 돈이 필요하다. 직장인이 월급을 벌기 위한 지출에는 출퇴근 교통비, 옷 구입비, 식사 비용 등이 있다. 건강 유지를 위한 보험료와 병원비도 여기에 포함된다. 우리는 생활을 위해 신용카드로 다양한 지출을 한다. 매달 어김없이 찾아오는 신용카드대금 명세서를 생각해 보자. 돈 버는 일은 곧 소비로 직결된다.

직장인이 1년에 한 번 수행하는 연말정산은 1년 동안 벌어들인 수익창출을 위해 지출한 비용을 집계하는 과정이다. 보험료, 의료비, 교육비, 신용카드 사용액, 주택저축 지출액 등 많은 항목의 핵심은 지출된 비용이 얼마인지 파악하는 것이다. 제조업을 영위하는 사업자의 경우 물건 제조를 위한 재료비, 인건비, 제작비용 등이 필요하다. 사무실 임차료, 보험료, 소모품비, 차량유지비 등 이외에도 지출되는 비용의 종류는 다양하다.

"땅 파서 장사하나?"라는 말이 있다. 어떤 물건을 팔아 수익을 창출하기 위해서는 일정한 비용이 지출된다는 말이다. 무언가를 판매할 때 지출되는 비용 이상의 가격을 받아야 한다는 의미다. 손해 보고 팔 수 없다는 뜻이다. 우리가 배운 용어를 사용한다면 비용 이상의 수익을 창출해야 한다는 뜻이 담겨 있다.

비용 또한 지출, 원가 등 다양한 용어로 쓰인다. "이번 달 원가가 증가했네요. 다음 달에는 지출을 줄입시다. 비용 절감을 해야 합니다."라는 말처럼 쓰고 있는데, 비용은 돈을 벌기 위해 쓴 돈이라 생각하면 된다.

## 남은 돈이 '이익'이다

번 돈에서 쓴 돈을 빼면 남은 돈이 이익이다. 이익은 수익에서 비용을 차감한 것이다. 만약 쓴 돈이 번 돈보다 많다면, 즉 비용이 수익보다 크다면? 손실이다

> 수익 − 비용 = 이익(손실)

'월수입 1,000만 원 보장!' 이라는 광고 문구가 있다면? '와우 드디어 월천대사가 되는구나!'라는 생각부터 앞설 수 있다. 그런데 회계의 관점에서 합리적인 사고의 흐름은 이렇게 흘러가야 한다.

"월 1,000만 원을 벌려면 얼마의 지출이 필요할까? 그래서 얼마가 남을까?"

**[수익, 비용, 이익]**

| | | | |
|---|---|---|---|
| | **수익**, 수입, 매출, 매상.. | ⇨ | 벌어들인 돈 |
| (−) | **비용**, 지출, 원가, 경비.. | ⇨ | 벌기위해 쓴 돈 |
| = | **이익**, 순이익, 순수입.. | ⇨ | 남은 돈 |

우리는 일상에서 수익, 비용 개념을 여러 용어로 사용한다. 수익은 매출, 매상, 수입 등의 용어로 표현된다. 비용은 지출, 원가, 경비 등으로 사용되기도 한다. 결국 단어의 개념 차이는 벌어들인 돈을 의미하는가, 돈을 벌기 위해 지출된 돈을 뜻하는가, 번 돈에서 지출된 돈을 차감하고 남은 돈을 이야기하는지에 있다. 이것을 구분하자. 이를 각각 회계에서는 수익, 비용, 이익으로 표현한다.

## ○ 수익과 이익의 차이는 왜 중요한가

우리는 수익과 이익의 차이를 왜 알아야 할까? 정확한 손익을 측정하고 지속적인 사업을 영위하기 위해서다. '월수입 2,000만 원 보장!'이라는 프랜차이즈 본사 홍보문구가 있다고 가정하자. 이제는 회계적인 사고와 함께 냉정해야 한다. 본사가 말한 수입은 회계의 '수익'을 의미했지만 가맹사업자가 수입을 회계의 '이익'으로 이해했다면? 월 2,000만 원을 손에 쥘 수 있다는 기대에 부풀어 계약을 체결했지만 궁극적으로 남는 돈은 수익 2,000만 원에서 비용을 차감하고 남은 돈이다. 결과는 기대와 많이 다를 수 있다.

예비창업자에게 수익과 이익의 개념은 중요하다. 예비창업자들이 4차 산업혁명에 부응하는 기술력을 보유했지만 아래와 같은 질문에 답을 제대로 못하는 경우가 있다.

"해당 아이템으로부터 기대되는 수익은 얼마인가요?"

이 질문에 답하더라도 하나가 더 있다.

"그 수익을 얻기 위해 비용은 얼마나 발생하나요?"

이 질문에 답할 수 있어야 정확한 손익을 토대로 사업계획을 수립할 수 있다. 결국 사업을 위해서는 이익을 따져봐야 한다. 핵심은 수익에서 비용을 차감한 이익이다.

권수영 교수는 《회계학 이야기》에서 이익에 대한 중요성을 다음과 같이 표현하고 있다.

> 실제로 시장에서는 회사에 대해 단순히 매출 규모만 따지지는 않는다. 회사가 그동안 얼마나 많은 이익을 냈는지도 매출 이상으로 중요하다. 기업의 실적이 발표될 때 가장 먼저 보는 것이 이익의 크기다. 이익은 수익에서 비용을 차감한 금액으로, 기업이 일정 기간 벌어들인 최종적 성과를 나타내기 때문이다.
>
> - 권수영, 《회계학 이야기》, 신영사, 2013, 118쪽

# 5. 손익계산서 이해하기

재무제표 중 손익계산서에는 일정 기간의 수익과 비용이 표시된다. 수익을 영업수익과 영업외수익으로, 비용을 영업비용과 영업외비용으로 구분할 수 있다. 이를 통해 수익에서 비용을 차감한 이익이 영업이익과 당기순이익으로 산출된다. 손익계산서 구성 항목을 살펴보자.

## ○ 수익과 비용 구분

수익은 '영업수익'과 '영업외수익'으로 구분한다. 영업수익은 기업 본연의 활동으로부터 벌어들인 돈이다. 영업수익을 '매출액'이라 표현한다. 영업수익과 영업외수익을 구분하는 기준은 영업 본연의 목적으로 인해 번 돈인가 아닌가에 있다.

**[수익의 주요 구성항목]**

| 수익 구분 | 주요 항목 |
|---|---|
| 영업수익(매출) | 주된 영업활동에서 발생하는 제품, 상품, 용역 등 매출액 |
| 영업외수익 | 이자수익, 유형자산처분이익, 주식처분이익, 주식평가이익 |

　매출은 업종에 따라 제품매출, 상품매출, 용역매출 등으로 구분할 수 있다. 제품매출은 제품을 제조 후 판매로 발생하는 수익이다. 상품매출은 만들어진 물품을 외부에서 매입해서 판매하여 발생한다. 용역 또는 서비스매출은 용역, 서비스를 제공해 발생하는 수익이다. 영업외수익은 사업목적 이외로 창출한 이자수익, 유형자산처분이익, 주식처분이익/평가이익 등이 있다.

　비용 또한 '영업비용'과 '영업외비용'으로 구분한다. 영업비용은 영업수익을 창출하기 위해 지출된 돈이다. 종업원급여, 원재료 구입비용, 광고선전비, 사무실 운영비 등이 해당된다. 영업외비용은 영업비용 이외에 지출된 비용으로 이자비용, 유형자산처분손실 등이 있다.

　영업비용을 매출원가와 판매관리비로 구분한다. '매출원가'는 매출 창출을 위해 직접 소요되는 비용으로 제품 제작을 위한 인건비, 원재료 구입비용, 상품 구입비용, 외부업체 지급비용 등이 있다. '판매관리비'는 판매 활동과 회사 유지 관리를 위한 비용으로서 관리부서 인건비, 임차료, 판매수수료 등으로 구성된다. 참고로 매출원가와 판매관리비의 구분 실익이 없는 서비스 업종 등은 이를 구분하지 않고 영업비용으로만 손익계산서에 표시하는 경우도 있다.

[비용의 주요 구성항목]

| 구 분 | | 주요 항목 |
|---|---|---|
| 영업비용 | 매출원가 | 원재료 구입비용, 제조부서 인건비, 상품 매입비용, 외주제조가공비 등 |
| | 판매관리비 | 관리부서 인건비, 임차료, 판매수수료 등 |
| 영업외비용 | | 이자비용, 유형자산처분손실, 주식처분손실 등 |

[수익과 비용의 구분]

| 수익(a) | 영업수익(a1) | → | 비용(b) | 영업비용(b1) | 매출원가(b11) |
|---|---|---|---|---|---|
| | | | | | 판매관리비(b12) |
| | 영업외수익(a2) | | | 영업외비용(b2) | 영업외비용(b2) |

## ◐ 이익의 종류 : 매출총이익, 영업이익, 당기순이익

수익(a)을 영업수익(a1)과 영업외수익(a2)으로 비용(b)을 영업비용(b1)과 영업외비용(b2)으로 구분했다. 영업비용(b1)을 매출원가(b11)와 판매관리비(b12)로 추가 구분한다. 이런 구분에 따라 세 가지 이익이 산출된다.

- **매출총이익** : 영업수익(a1)에서 매출원가(b11)를 차감해서 구한다. "매출총이익은 직접적으로 사업이 지속 가능할 수 있는지를 가늠하는 직관적인 척도가 된다." (김범석, 《회계공부는 난생 처음입니다만》, 메이드북스, 2019, p.26)

- **영업이익** : 영업이익은 영업수익(a1)에서 영업비용(b1)을 차감해서 구한다. 영업비용을 매출원가와 판매관리비로 추가 구분한 경우 매출총이익에서 판매관리비를 차감해서 산출된다.
- **당기순이익** : 영업이익에서 영업외수익(a2)을 가산하고 영업외비용(b2)을 차감한 것이다(정확히는 법인세비용까지 차감해야 당기순이익이 산출된다).

지금까지 살펴본 이익의 종류는 다음과 같다.

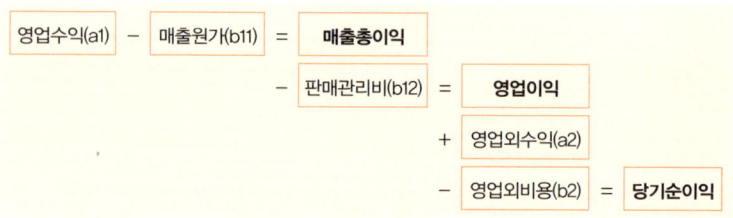

도표 인용: (김한수, 《붙잡고 있으면 어느새 회계머리》, 쏭북스, 2021, p.158)

## ◎ 어떤 이익이 중요한가

이익을 크게 매출총이익, 영업이익과 당기순이익으로 구분했다. 굳이 구분한 이유는 무엇이고 어떤 이익이 중요할까? 기업 본연의 목적으로 인한 수익성을 알기 위해서이다. 나는 이런 측면에서 영업이익이 중요하다고 생각한다. 영업수익은 기업활동을 통해 계속적이고 반복적으로 창출되는 것이고 영업외수익은 일시

우발적 성격으로 발생하는 것이기 때문이다.

기업가치 측면에서도 영업이익이 중요하다. 기업가치 측정방법 중 미래현금흐름의 현재가치로 기업가치를 측정하는 방법이 있다. 이 방법의 기준은 영업이익이다.

영업비용을 매출원가와 판매관리비로 구분하고 영업수익에서 매출원가를 차감해 매출총이익을 산출했다. 매출총이익은 제품, 상품 또는 서비스판매를 통해 직접적으로 창출할 수 있는 이익을 보여준다. 직관적으로 사업의 수익성이 있는지를 판단할 수 있는 기준이 된다. 수익에 대응되는 원가 수준을 파악함으로써 원가율을 파악하고 판매가격을 결정하는 기준이 된다.

지속적인 영업활동을 통한 손익 측정을 위해서는 매출원가 이외에 광고선전비, 임차료 등 판매관리비도 고려해야 한다. 결국 매출총이익에서 판매관리비를 차감한 영업이익이 중요하다. 이처럼 영업이익은 기업이 본연의 영업활동을 통해 이익을 지속적으로 창출하고 살아남을 수 있을지에 대한 중요한 판단지표가 된다.

"원가율이 얼마인가요? 제품을 만드는 데는 얼마가 소요되나요? 매출총이익률이 얼마인가요? 매출액 대비 판관비(판매관리비) 비중은 어느 정도이고 판관비 주요항목은 무엇인가요? 영업이익률은 몇 퍼센트이고 동종 업계(경쟁사) 대비 어느 수준인가요? 영업외손익은 얼마인가요?"

손익계산서를 통해 이러한 질문에 답할 수 있는 정보와 답을 찾을 수 있다.

# 6 자본잠식을 피하는 방법

재무상태표에서 자본은 자산에서 부채를 차감하여 구한다고 했다. 한 걸음 더 나아가 자본의 구성항목과 변화를 살펴볼 필요가 있다. 유동비율, 부채비율 등 재무비율과 매출, 영업이익 등 손익현황과 더불어 정부자원사업 지원 요건, 금융기관 대출심사, 신평평가기관의 회사 신용평가기준 등에서 자본잠식이라는 용어가 등장하기 때문이다.

재무상태표 자본은 어떻게 구성되고 시간이 지남에 따라 어떻게 변화하게 되는지 자본잠식은 어떤 개념인지 예시를 통해 살펴보도록 하자.

## ○ 자본의 탄생과 변화

- 법인 설립

- 창업자가 자본금 5,000만 원(주당 액면 5,000원, 주식 수 10,000주 가정) 납입/회사 설립

이 경우 창업자가 납입한 금액은 재무상태표 자본항목 중 자본금으로 반영된다(①).

**재무상태표 : 최초**(단위 : 만 원)

| 구분 | 금액 | 구분 | 금액 |
|---|---|---|---|
| 자산 | | 부채 | 0 |
| 예금 | 5,000 | 자본 | |
| | | 자본금 | ① 5,000 |
| 자산합계 | 5,000 | 자본합계 | 5,000 |

### • 후속투자유치

- 후속투자자로부터 회사의 미래가치를 인정받아 1억 원 추가투자 유치
- 주당 @10,000원, 주식 수 10,000주 가정

추가로 납입된 1억 원 중 액면가 해당 금액인 ② 5,000만 원(액면 5,000원 x 10,000주)은 자본금 항목으로, 액면 금액을 초과하는 금액인 ③ 5,000만 원은(1억 원 - 5,000만 원) 자본잉여금(주식발행초과금) 항목으로 반영된다. 회계처리 결과 자본금은 1억 원(①+②), 자본잉여금은 ③ 5,000만 원으로 자본합계는 1억 5,000만 원으로 변경된다.

**재무상태표 : 추가 투자**(단위 : 만 원)

| 구분 | 금액 | 구분 | 금액 | |
|---|---|---|---|---|
| 자산 |  | 부채 |  | 0 |
| 예금 | 15,000 | 자본 |  |  |
|  |  | 자본금 | ①+② | 10,000 |
|  |  | 자본잉여금 | ③ | 5,000 |
| 자산합계 | 15,000 | 자본합계 |  | 15,000 |

### • 1년 후 결산

　후속 투자 결과 자본합계는 자본금 1억 원과 자본잉여금 5,000만 원 합계인 1억 5,000만 원이 되었고, 설립 후 1년이 경과한 시점에서 성과를 결산하고 손익계산서를 작성하는 경우, 네 가지 경우를 살펴보고자 한다.

- **상황1** : 손익계산서 이익 5,000만 원 발생하였고 해당 금액은 자본에서 이익잉여금 항목으로 반영된다(④). 자본합계는 자본금 1억 원, 자본잉여금 5,000만 원, 이익잉여금 5,000만 원 합계인 2억 원이 된다.

- **상황2** : 손익계산서 손실 5,000만 원 발생하였고 해당 금액은 자본에서 결손금 항목으로 반영된다(⑤). 자본합계는 자본금 1억 원, 자본잉여금 5,000만 원, 결손금 (-)5,000만 원 합계인 1억 원이 된다. 이 경우 당기 결손금 (-)5,000만 원이 자본잉여금 5,000만원을 잠식했다고 볼 수 있다.

(단위 : 만 원)

| 상황 1 | | 상황 2 | |
|---|---|---|---|
| 손익계산서 | | 손익계산서 | |
| 수익 | 10,000 | 수익 | 5,000 |
| 비용 | (−) 5,000 | 비용 | (−) 10,000 |
| 이익(손실) | ④ 5,000 | 이익(손실) | ⑤ (5,000) |
| 재무상태표 | | 재무상태표 | |
| 자본금 | 10,000 | 자본금 | 10,000 |
| 자본잉여금 | 5,000 | 자본잉여금 | 5,000 |
| 이익잉여금 | ④ 5,000 | 결손금 | ⑤ (5,000) |
| 자본합계 | 20,000 | 자본합계 | 10,000 |

- **상황3** : 손익계산서 손실 7,000만 원 발생하였고 해당 금액은 자본에서 결손금 항목으로 반영된다(⑥). 자본합계는 자본금 1억 원, 자본잉여금 5,000만 원, 결손금 (-)7,000만 원 합계인 8,000만 원이 된다. 이 경우 결손금 (-)7,000만 원이 자본잉여금 5,000만 원을 잠식하고 자본금 1억 원 중 2,000만 원을 잠식하게 된다. 이와 같이 결손금이 자본금을 잠식하게 되는 경우를 "자본잠식"이라고 한다. 참고로 결손금이 자본금 중 일부금액만 잠식한 경우(예시의 경우 1억 원 중 2천만 원)를 "부분자본잠식"이라 한다.

- **상황4** : 손익계산서 손실 2억 원 발생하였고 해당 금액은 자본에서 결손금 항목으로 반영된다(⑦). 자본합계는 자본금 1억 원,

자본잉여금 5,000만 원, 결손금 (-)2억 원 합계인 (-)5천만 원이 된다. 이와 같이 당기 결손금 (-)2억 원이 자본잉여금 5,000만 원과 자본금 1억 원을 모두 잠식하여 자본 합계가 (-)마이너스가 되는 경우를 "완전자본잠식"이라고 한다.

(단위 : 만 원)

| 상황 3 | | 상황 4 | |
|---|---|---|---|
| 손익계산서 | | 손익계산서 | |
| 수익 | 5,000 | 수익 | 5,000 |
| 비용 | (−)12,000 | 비용 | (−) 25,000 |
| 이익(손실) | ⑥ (7,000) | 이익(손실) | ⑦ (20,000) |

| 재무상태표 | | 재무상태표 | |
|---|---|---|---|
| 자본금 | 10,000 | 자본금 | 10,000 |
| 자본잉여금 | 5,000 | 자본잉여금 | 5,000 |
| 결손금 | ⑥ (7,000) | 결손금 | ⑦ (20,000) |
| 자본합계 | 8,000 | 자본합계 | (5,000) |

## ○ 자본잠식을 탈피하려면

재무상태표에 표시되는 자본은 자산에서 부채를 차감해서 구해진다. 구체적으로 자본은 자본금, 자본잉여금, 이익잉여금 항목으로 구성된다. 자본금은 주식발행대금 중 액면가 해당액이고, 액면가 이상으로 주식을 발행한 경우 해당 액면초과 해당금액은 자본잉여금 항목으로 표시된다. 손익계산서상 이익은 이익잉여금으로 손실은 결손금 항목으로 자본에 반영된다. 결국 자본은 자본금과 자본잉여금, 이익잉여금 또는 결손금의 합계로 구성됨을 알 수 있다.

결손금이 발생하여 자본잉여금을 잠식하고 자본금까지 잠식하게 되는 경우를 자본잠식이라 표현하고, 자본금을 모두 잠식하여 자본합계가 음수(-)가 되는 경우를 완전자본잠식이라고 한다. 비용 발생 대비 매출 발생이 미비한 초기 기업의 경우 부분자본잠식 또는 완전자본잠식은 불가피하게 발생할 수 있다. 회계적으로 자본잠식을 탈피하는 방법은 추가자금조달 또는 이익 발생(손실 감소)이다. 쉽지는 않겠지만 개념을 알고 미리 대비해야 한다. 발생 가능한 이슈와 회계처리 대안에 대해 세무대리인과 소통할 수 있어야 한다. 투자 유치, 신용평가, 정부지원사업 요건으로 완전자본잠식이 포함되는 경우가 있다. 현재 자본구성 항목을 살펴보자. 재무제표가 완성되기 전에 미리 한번 살펴보자. 누구도 먼저 챙겨주지 않는다.

# 기업가치를 평가하는 세 가지 방법

 투자자와의 협상 테이블에서 주로 나오는 질문이 있다. 자금유치를 희망하는 스타트업 대표는 몇 가지 질문을 예상하고 답변을 준비해야 한다.
 "구체적인 마일스톤 계획과 회사의 재무 상황은 알았으면 좋겠어요."
 "회사의 기업가치(밸류에이션)나 투자 단계에 대한 이해가 있었으면 해요."
 투자 미팅을 할 때 스타트업 대표가 이 정도는 미리 알고 오면 좋겠다고 생각하는 부분은 무엇인지? 라는 질문에 대한 투자자의 답변 중 일부다(이택경 외,《VC가 알려주는 스타트업 투자 유치 전략》, 나무, 2021, 312쪽). 재무상황은 재무상태표와 손익계산서를 통해 파악할 수 있다. 기업가치를 평가하는 여러 가지 방법 중 기본적인 세 가지 방법과 사례에 대해 알아보자. a기업의 가치는 얼마일까?

## 순자산가치

기업가치를 평가하는 첫 번째 방법은 재무상태표에 있다. 자산가치 평가방법은 재무상태표에 표시된 순자산 금액을 기업의 가치로 보는 것이다. 순자산은 자산에서 부채를 차감한 자본을 의미한다.

a기업 재무상태표(2024년 12월 31일 현재) (단위 : 만 원)

| 자산 | 1,000 | 부채 | 300 |
|---|---|---|---|
|  |  | 자본 | 700 |

2024년 12월 31일 a기업 재무상태표가 위 표와 같다고 가정해 보자. a기업의 가치를 자산 1,000만 원에서 부채 300만 원을 차감한 순자산 700만 원으로 평가한다. a기업을 700만 원에 인수하라는 제의가 들어왔다면 어떤 의사결정을 해야 할까? 700만 원을 주고 a기업을 사야 할까? 입장을 바꿔 a기업 경영진이라면 700만 원을 받고 회사를 팔아야 할지 여부를 생각해 보자.

자산가치 평가방법은 재무제표를 기준으로 가치를 판단하므로 객관적이고 이해가능성이 높다. 반면 재무상태표에 기재된 순자산은 현재 시점의 재무상태를 반영한 것으로 기업의 미래 수익창출 능력을 반영하지 못한다.

## ◯ 수익가치

수익가치는 기업의 미래 예상되는 영업이익을 기준으로 기업가치를 평가하는 방법이다.

(단위 : 만 원)

| 구 분 | 과거 실적 | | | 미래 예측(가정) | | | | |
|---|---|---|---|---|---|---|---|---|
| | 2022년 | 2023년 | 2024년 | 2025년 | 2026년 | 2027년 | 2028년 | 2029년 |
| 영업수익 | 1,000 | 1,100 | 1,210 | 1,331 | 1,464 | 1,610 | 1,771 | 1,948 |
| 영업비용 | 800 | 869 | 944 | 1,025 | 1,113 | 1,207 | 1,311 | 1,422 |
| 영업이익 | 200 | 231 | 266 | 306 | 351 | 403 | 460 | 526 |
| 영업이익률 | 20% | 21% | 22% | 23% | 24% | 25% | 26% | 27% |
| 매출증가율 | | 10% | 10% | 10% | 10% | 10% | 10% | 10% |
| 기업가치 | | | 1,510 | ⇐ 미래 영업이익 합계 2,046만 원의 현재가치 | | | | |

수익가치 적용을 위해서는 미래 영업이익을 추정해야 한다. 정해진 답은 없다. 일반적으로 과거 실적을 토대로 합리적인 가정을 통해 미래(5개년 추정을 가정) 추정치를 도출한다. a기업 과거 3개년 실적을 보면 매출(영업수익)은 10%씩 증가했고 영업이익률은 1% 증가하고 있다.

동일한 가정을 미래 추정에 적용해 보자. 2025년부터 미래 5년 동안 매출증가율 10%, 영업이익률은 2024년 22%를 기준으로 매년 1%씩 증가한다고 가정하면 미래 5개년 영업이익 합계는 2,046만 원이 도출된다. 이 금액은 미래 시점의 금액이므로 평가기준일인 2024년 12월 31일을 기준으로 할인해 평가(할인율을 10% 가정)하면 수익가치는 1,510만 원이 산출된다.

기업의 목표는 지속적인 성장을 통한 계속적인 생존이다. 수익가치 평가방법은 현재 시점의 재산 상태만 반영하는 자산가치에 비해 미래 수익창출 능력을 고려하므로 이론적으로 우수하다는 장점이 있다. 반면 미래 추정을 위해 고려해야 하는 가정이 많아 객관성이 부족하다.

다시 a기업의 매수자(투자자)와 매도자(경영자)가 되어보자. 투자자는 1,510만 원을 투자하고 a기업을 살 것인가? 경영자는 1,510만 원을 받고 a기업을 팔 것인가?

## 시장가치

시장가치 평가방법은 시장가격을 기준으로 기업가치를 평가하는 방법이다. 비상장회사는 유사한 상장기업 지표를 기준으로 평가한다. 시장가치 평가방법을 상대가치 평가방법이라고도 표현한다.

이를 위해 유사 업종을 영위하는 상장사 정보가 필요하다. 상장사의 시장에서 거래되는 주식 가치가 매출액, 영업이익(또는 당기순이익), 순자산 등 재무 정보의 몇 배에 형성되어 있는지 지표를 평가대상 비상장사의 해당 재무정보에 적용해 기업가치를 산출한다. 비상장기업인 a기업과 유사한 상장기업의 시장에서 형성된 주식가치가 매출액의 1.3배, 영업이익의 3.1배, 순자산의 1.5배라고 가정하면 a기업의 시장가치는 다음과 같이 산출된다.

(단위 : 만 원)

| a기업 재무정보(①) | | 유사상장기업 시장지표(②) | a기업가치 ③=①×② |
|---|---|---|---|
| 매출액 | 1,210 | 1.3 | 1,573 |
| 영업이익 | 266 | 3.1 | 825 |
| 순자산 | 700 | 1.5 | 1,050 |

## 가치평가의 본질은 협상이다

a기업 기업가치평가 결과를 보자.

| 평가방법론 | 평가결과 |
|---|---|
| 자산가치평가 | 700만 원 |
| 수익가치평가 | 1,510만 원 |
| 시장가치평가 | 825~1573만 원 |

자산가치평가는 재무제표에 기재된 객관적인 수치를 기준으로 하기 때문에 700만 원은 협상의 출발점이 될 수 있다. 수익가치평가는 미래 수익성을 고려하므로 의사결정 기본지표가 될 수 있다. a기업을 매수하는 입장에서는 지불가능한 평가가격을 1,510만 원으로 적용할 수 있다. 시장가치평가는 실무적으로 수익가치평가 결과의 보조지표로 사용된다. 예시의 경우 수익가치 1,510만 원이

실제 거래되는 시상지표의 범위인 825만 원(영업이익 기준)과 1,573만 원(매출액 기준) 사이에 존재하는 경우 수익가치평가 결과는 어느 정도 적절하다고 판단할 수 있다.

이러한 가치평가방법에 의해 거래가격이 결정된다면 순자산가치 700만 원과 수익가치 1,510만 원 사이에서 매수자와 매도자 상호 간 합의점을 도출할 수 있을 것이다.

이는 재무적인 방법에 의한 기업가치 평가 예시로서 기본적인 가치평가방법론에 대한 전반적인 이해를 위한 것이다. 기업가치평가는 재무적인 숫자에 의존하는 것이 아닌 이행당사자간 협상의 결과물임을 유념해야 한다.

스타트업 투자 전문 액셀러레이터 주식회사 킹고스프링의 양희원 부대표이사는 가치평가의 본질은 협상(Negotiation)이라고 다음과 같이 말한다.

> "협상 테이블에는 이해당사자가 존재하고 가치는 당사자의 마음 속에 있다. 결국 가치평가는 이해당사자 서로의 GAP(차이)을 줄여가는 협상의 과정으로 이해해야 한다. 특히 기업의 성장단계별 투자 유치 과정에서 기업가치 평가는 협상이며 회사는 미래 예상 손익을 제시하고 이를 실현가능한 팀의 역량을 설명하며 서로에게 유리한 과정을 찾아가는 과정이다."

# 8  자금조달 유형과 재무제표에 미치는 영향

기업이 사업을 지속적으로 영위하며 성장하기 위해서는 자금이 필요하다. 돈이 있어야 기업이 굴러간다. 운전자금은 급여, 각종 경비 등 기업이 정상적인 영업활동을 유지하기 위해 지속적으로 투입되어야 하는 자금이다. 생산설비와 기계장치 구입, 전산 시스템 구축, 사업장 확보 등에 필요한 시설자금도 있다. 매출이 발생하지 않거나 매출 대금을 일정기간 회수하지 못하는 경우에도 회사를 운영할 수 있을 여유자금을 예측하고 준비해야 한다.

일정 수준의 영업이익과 현금흐름을 창출해 내부 자금만으로 운용이 가능한 경우가 아니라면 외부자금을 조달할 필요가 있다. 외부자금 조달유형에 따라 재무제표에 어떠한 영향을 미치는지에 대해 살펴보자.

## ◑ 타인자본 : 돈을 빌려오면 갚아야 할 부채

타인에게 필요한 자금을 빌려오는 방법이 있다. 이를 타인자본조달이라 한다. 은행으로부터 대출을 받는 것이 보편적인 타인자본조달방법이다. 운전자금 조달을 위한 일반운영자금대출과 생산설비의 신설 등을 위한 시설자금대출 등이 있다. 이 경우 차입약정에 따라 정해진 이자를 부담하고 약정된 방법으로 원금을 상환해야 한다.

타인자본은 갚아야 할 돈이다. 재무상태표 부채에 해당된다. 또한 정해진 이자를 지급해야 하므로 손익계산서에 이자비용으로 인식된다. 예를 들어 a기업이 2025년 은행에서 1,000만 원을 빌려왔고 이자율은 연 10%(100만 원), 원금은 2028년에 일시 상환을 가정할 경우 재무제표에 미치는 영향은 다음과 같다.

[타인자본조달로 인한 재무제표 영향](단위: 만 원)

| 구 분 | | 2025년 | 2026년 | 2027년 | 2028년 |
|---|---|---|---|---|---|
| 재무상태표 | 자산(현금) | 1,000 | | | (−)1,000 |
| | 부채(차입금) | 1,000 | | | 0 |
| 손익계산서 | 이자비용 | 100 | 100 | 100 | 100 |

타인자본조달액은 부채로 반영되어 자본구조에 불리한 영향을 미친다. 이자비용은 매년 손익계산서 비용으로 인식되어 이익을 줄인다.

## ◐ 자기자본 : 투자금을 받고 주식을 발행하면 자본

자기자본조달은 자금을 투자받는 대가로 주식을 발행해주는 방법이다. 이는 타인자본과 달리 이자지급 또는 원금 상환의무가 없어 현금흐름상 유리한 측면이 있다.

신주를 발행하는 경우 기존 주주의 지분율이 낮아지는 단점이 있는데, 이를 '지분이 희석된다'라고 표현한다. 자신이 설립한 회사라 하더라도 대주주 지분율이 낮아지고 새로운 주주들이 경영에 참여할 경우 경영진 의사결정에 영향을 미칠 수 있다.

a기업이 2025년 주식 발행(지분율 10%)으로 1,000만 원을 조달한 경우 재무제표에 미치는 영향은 다음과 같다.

[자기자본조달로 인한 재무제표 영향](단위: 만 원)

| 구 분 | | 2025년 | 2026년 | 2027년 | 2028년 |
|---|---|---|---|---|---|
| 재무상태표 | 자산(현금) | 1,000 | | | |
| | 자본 | 1,000 | | 영향 없음 | |
| 손익계산서 | | 영향 없음 | | | |

자기자본조달로 증가한 현금은 갚아야 할 의무가 없으므로 부채가 아닌 자본으로 반영된다. 타인자본과 달리 이자비용을 부담하지 않으므로 손익계산서에 미치는 영향은 없다.

## ◐ 어떤 방법이 유리할까?

자기자본 조달과 타인자본 조달 중 어떤 방법이 유리할까? 자금을 제공하는 입장에서 생각해보자. 어떤 회사에게 돈을 빌려주는 경우 그 회사의 미래 상황과 상관없이 약정된 이자와 원금만을 회수하게 된다. 반면 회사에게 돈을 투자하고 지분을 받은 경우 회사의 미래 상황에 따라 투자한 돈을 회수하지 못할 수도 있지만 기업가치가 증가할 경우 기업가치의 지분율에 해당되는 지분액만큼 회수할 기회를 갖게 된다.

자금을 조달받는 입장이 되어 보자. 타인자본의 경우 정해진 이자만 부담하면 되므로 자금조달에 따른 대가가 비교적 작다고 할 수 있지만 원금과 이자를 갚아야 하는 의무를 부담한다. 주식 발행을 통한 자금조달의 경우에는 이자가 없고 주식대금을 갚지 않아도 되지만 기존 창업자의 지분율이 낮아진다. 회사의 상황에 맞는 투자유치 방안을 고려해야 한다.

[자금 제공자 입장에서의 영향]

| 구분 | 3년 후 a기업 가치 | |
|---|---|---|
| | 1,000만 원 | 10억 원 |
| 타인자본 1,000만원 제공 | a기업 가치와 상관없이 매년 이자 100만 원, 3년 후 원금 1,000만 원 회수 | |
| 자기자본 1,000만원 제공 | 1,000만원×10%=100만원 가치 보유, 투자금 1,000만 원 중 900만 원 회수 불가 | 10억 원×10%=1억 원 가치 보유, 투자금 1,000만원 대비 10배 회수 |

## 🔍 투자자에게 유리한 상황이다

최근 투자는 타인자본과 자기자본의 형태를 융합한 자금조달방식으로 진행되는 경향이 있다. 투자자 입장에서 회사의 미래 상황에 따라 타인자본 또는 자기자본 방식 중 유리한 방법을 선택할 수 있는 방법이다. 최근 투자자들이 흔히 사용하는 투자방식으로 상환전환우선주(RCPS)가 대표적이다.

이는 투자자가 타인자본의 형태와 같이 이자와 원금에 대한 상환을 요구할 수도 있고 보통주로 전환을 요구해 회사 가치의 지분율에 해당하는 지분 가치를 가져갈 수도 있다. 기업의 미래 상황에 따라 최소한 원금 회수를 확보하고 원금 이상의 증가한 기업가치 지분액을 확보할 수도 있는 것이다. 살펴본 자금조달이 RCPS 방식에 의해 이루어질 경우 투자자의 미래의사결정은 다음과 같다.

| 구분 | 3년 후 a기업 가치 | |
|---|---|---|
| | 1,000만 원 | 10억 원 |
| RCPS 1,000만원 투자자 | 보통주식으로 전환하면(지분 10% 가정) 1,000x10%=100만 원 가치 보유하여 투자금 1,000만 원 회수 불가능하므로 원금과 이자에 대한 상환권을 청구 | 보통주식으로 전환하면(지분율 10% 가정) 10억원x10%=10억 원 가치 보유 가능<br>보통주로 전환권을 행사하여 투자금 1,000만원 대비 10배 회수 |

매출 발생이 미비한 스타트업, 초기 기업의 경우 자금조달 방식에 대한 선택권이 없는 경우가 많다. 돈을 빌리고 싶다고 해서 은행에서 빌려주지 않는다. 손익 현황과 재무상태에 기초한 신용평

가와 대출심사를 통과하기가 어렵기 때문이다.

또한 불확실한 미래 성과를 담보로 투자 유치를 위해 투자자와 협상해야 하는 입장에서 상대적인 약자가 될 수 밖에 없다. 투자방식 또한 투자자에게 유리한 방향으로 정해진다.

자금유치를 희망하는 경영자는 자금조달 형태에 따른 기본적인 재무적 영향을 파악하고 투자자와 협상 테이블에 앉아야 한다. 무엇보다 투자금은 공짜가 아니라는 점을 명심하자.

# 9 회계에서 돈보다 중한 것
## : 발생주의

**Q 발생주의 개념**

복식부기는 회계에서 거래를 인식하고 분류해 차변과 대변에 기록하는 방법이다. 이러한 복식부기를 적용하는 기준으로 현금주의와 발생주의가 있다. 현금주의는 실제로 현금유입이 있을 때 수익으로 인식하고 현금유출이 있을 때 비용을 인식하는 방법이다. 거래가 발생하더라도 현금의 유출입이 발생하지 않으면 재무제표에 수익이나 비용을 반영하지 않는다. 반면 발생주의는 현금유출입과는 상관없이 수익을 실현되었을 때 인식하고 비용을 발생 되었을 때 인식하는 방법을 의미한다. 회계에서는 어떤 기준을 적용해야 할까? 예시를 통해 살펴보자.

## ○ 발생주의와 현금주의 예시

a사가 b사에게 20x0년 1월 1일부터 20x0년 12월 31일까지 10억 원을 빌려주었고 1년 동안의 이자는 1억 원, 실제 이자는 다음 연도인 20x1년 1월 10일에 수취한다.

**거래구조 예시**

```
        20x0.1.1                    20x0.12.31      20x1.1.10
           ▲                            ▲               ▲
a사        ─────────────────────────> 이자수익 실현   이자 수령
b사        ─────────────────────────> 이자비용 발생   이자 지급
```

이자는 1년 동안 경과에 따라 1억 원이 발생했다. 20x0년 12월 31일에 a사 입장에서는 이자수익 1억 원이 실현되어 받을 권리가 발생했고 B사 입장에서는 이자비용 1억 원이 발생되어 지급할 의무가 발생했다. 따라서 발생주의에 의할 경우 a사는 20x0년 12월 31일에 이자수익(①)을 b사는 이자비용(②)을 재무제표에 인식한다. 현금주의에 의할 경우에 양 사는 실제 이자 수취 및 지급일에 이자수익(③)과 이자비용(④)을 인식한다.

발생주의와 현금주의 의한 양 사의 회계처리는 다음과 같다.

**[a사 회계처리]** (단위 : 억 원)

| 구 분 | 발생주의 | | | | 현금주의 | | | |
|---|---|---|---|---|---|---|---|---|
| | 차 변 | | 대 변 | | 차 변 | | 대 변 | |
| 20x0.12.31 | 미수이자 | 1 | ①이자수익 | 1 | 회계처리 없음 | | | |
| 20x1.1.10 | 현금 | 1 | 미수이자 | 1 | 현금 | 1 | ③이자수익 | 1 |

**[b사 회계처리]** (단위 : 억 원)

| 구 분 | 발생주의 | | | | 현금주의 | | | |
|---|---|---|---|---|---|---|---|---|
| | 차 변 | | 대 변 | | 차 변 | | 대 변 | |
| 20x0.12.31 | ②이자비용 | 1 | 미지급이자 | 1 | 회계처리 없음 | | | |
| 20x1.1.10 | 미지급이자 | 1 | 현금 | 1 | ④이자비용 | 1 | 현금 | 1 |

발생주의 회계처리 결과 양 사의 이자수익과 이자비용은 20×0년 재무제표에 반영되는 반면 현금주의에 의하면 2021년도 재무제표에 반영된다. 발생주의와 현금주의 회계처리 적용에 따라 20×0년 과 20×1년의 수익과 비용이 달라지게 된다.

## 발생주의와 현금주의, 어떤 것이 더 적합할까

회계는 발생주의를 취하고 있다. 돈을 빌려준 a사 입장이 되어 보자. 돈을 빌려준 이후 하루 하루 이자가 꼬박 붙어서 연말 시점에서는 1년 동안의 이자가 실현되었다. 다만 실제 돈만 다음 연도에 받을 뿐이다. b사 역시 빌려온 돈의 대가로 부담해야 할 1년간 이자가 발생했고 실제 이자 지급만 잠시 뒤에 하는 것이다.

이처럼 실제 현금의 수수만 이루어지지 않았을 뿐 거래로 인한 받을 권리와 지급할 의무가 발생했다면, 이를 재무제표에 반영해서 보다 적절한 경영 성과와 재무상태를 표시하자는 것이 발생주의 취지다. 회계에서는 돈보다 중한 것이 있다. 발생주의를 잊지 말자.

# 10 이익보다 중요한 것은 현금이다

　일을 하다 보면 경영자들로부터 "이익이 나는데도 돈은 부족하다"라는 말을 듣곤 한다. "이익을 냈는데도 회사가 망했다"라는 신문 기사 등을 접하기도 한다. 기업의 목적은 이익 달성으로 이해할 수 있다. 경영자는 비용을 초과하는 매출 발생에 집중하고 이익을 남겨야 한다. 장부상 '이익=수익-비용'으로 결정되기 때문이다. 여기서 고려할 사항은 회계에서 '이익=현금' 공식이 성립하지 않는다는 것이다. 이로 인해 이익이 나는 기업도 자금이 부족할 수 있고 부도가 날 수 있다. 무슨 의미일까?

## ○ 이익이 발생해도 돈이 부족할 수 있다

　회사에 자금이 부족한 여러 이유 중 회계적인 측면에서 중요한 요인을 뽑는다면 매출채권을 예로 들 수 있다. 매출이 발생해도 매출 대금이 장기간 회수되지 않는 경우다. 이 경우 손익계산서상 매출은 발생하지만 재무상태표상 현금이 아닌 매출채권으로 표시가 된다. 채권이 현금으로 회수되지 않고 채권으로 묶여 있는 것이다. 돈이 부족한 이유다.

다음은 a사와 b사의 사례다. 복식부기에 의한 a사와 b사의 재무제표는 다음과 같다.

**매출채권 예시**

| a사 | b사 |
|---|---|
| • 제품을 10억 원에 판매<br>• 판매대금 10억 원을 판매 시점에 수령<br>• 비용 5억 원을 현금으로 지출 | • 제품을 10억 원에 판매<br>• 판매대금 중 5억 원을 3개월 후에 받기로 함<br>• 비용 5억 원을 현금으로 지출 |

**재무제표**(a사, b사)(단위 : 억 원)

| a사 | | | | b사 | | | |
|---|---|---|---|---|---|---|---|
| 손익계산서 | | 재무상태표 | | 손익계산서 | | 재무상태표 | |
| 수익 | ① 10 | 자산<br>현금 | 5<br>④ 10-5=5 | 수익 | ① 10 | 자산<br>현금<br>매출채권 | 5<br>⑤ 5-5=0<br>⑥ 5 |
| 비용 | ② 5 | 부채 | 0 | 비용 | ② 5 | 부채 | 0 |
| 이익 | ③ 5 | 자본 | 5 | 이익 | ③ 5 | 자본 | 5 |

각 회사의 이익은 매출액 10억 원(①)에서 비용 5억 원(②)을 차감한 5억 원으로 동일하다(③). 매출은 발생주의에 의해 매출 대금 수령 여부와 관계없이 발생 시점에 10억 원으로 인식되기 때문이다.

양 사의 자금 사정은 어떠한가? a사는 매출 대금 10억 원을 수령하고 비용 5억 원을 지출해서 현금 5억 원을 보유하고 있다(④). 반면 b사는 돈이 없다. 재무상태표상 현금보유액이 0원이다. 매출액 10억 원 중 5억 원만을 수령했고 비용 5억 원을 지출했기 때문이다(⑤). 매출 대금 5억 원은 어디로 갔을까? 받을 돈으로 남아 있다. 이것이 매출채권으로 표시된다(⑥).

이처럼 매출이 발생하더라도 매출 대금이 채권으로 남아 있는 경우에는 채권이 현금으로 회수되는 시점까지는 자금이 부족하게 되는 것이다.

회사에 자금이 부족한 또 다른 이유로는 상품 또는 제품을 팔기 위해 재고자산을 구입했지만 팔리지 않아 현금으로 회수되지 않는 경우다. 이러한 경우 현금은 재고자산의 형태로 남아 있게 된다. 재고자산이 외부로 팔려나가고 현금으로 전환이 되어야 회사에 돈이 돌게 된다. 또한 회사의 자금 사정을 고려하지 않는 무리한 설비투자, 다른 회사 지분에 투자 등을 하는 경우 계획대로 자금이 회수되지 않는다면 회사에 자금은 부족하게 된다.

## ○ 현금의 움직임을 파악할 수 있는 현금흐름표

손익계산서에 나타나는 이익과 현금 상호 간의 관계를 파악할 필요가 있다. 손익계산서에 나타나는 이익이 회사가 보유한 현금을 의미하지는 않기 때문이다. 이때 현금흐름표가 등장하는데, 현금흐름표는 회계연도 중 현금의 흐름을 보여주는 재무제표다. 다음은 a사와 b사의 현금흐름표다.

**현금흐름표 예시**(a사, b사) (단위 : 억 원)

| a사 | | b사 | |
|---|---|---|---|
| 손익계산서 이익<br>=현금 가정 | ⑦ 5 | 손익계산서 이익<br>=현금 가정 | ⑦ 5 |
| 조정 | | 조정 | |
| 받을 돈 증가 | 0 | 받을 돈 증가 | ⑨ (-)5 |
| 현금 | ⑧ 5 | 현금 | ⑩ 0 |

현금흐름표 작성의 출발점은 손익계산서 이익이 모두 현금이라고 가정하는 것이다. 양 사 모두 현금흐름표 작성의 출발점은 손익계산서상 이익이다(⑦). 수익은 모두 현금으로 유입되었고 비용은 모두 현금으로 유출되었음을 의미한다. 다음으로 가정에 위배되는 사항을 조정하면 된다. a사의 경우 가정이 맞으므로 조정 사항이 없다. 손익계산서 이익을 구성하는 매출과 비용은 모두 현금으로 유입/유출되었기 때문이다. 결국 이익(⑦)과 현금(⑧)은 동일하다. a사의 재무상태표 현금이 5억 원(④)임을 확인해보자.

b사의 경우 가정을 위배한 사항이 있다. 매출 대금 10억 원 중 5억 원은 현금으로 유입되지 않고 매출채권 형태로 남아 있다. 해당 금액 5억 원은 현금이 들어온 것이 아니므로 현금흐름표를 작성할 때 이익에서 차감해주면 된다. 돈이 들어오지 않았는데 돈이 들어온 것으로 가정했기 때문이다. b사의 현금은 이익 5억 원(⑦)에서

조정사항 (-)5억 원(⑨)을 반영한 0원이 된다(⑩). b사 재무상태표에 표시된 현금(⑤)이 얼마인지 확인해보자.

## ○ 이익이 나도 회사가 망할 수 있다

흑자도산은 기업이 경영상으로는 흑자(이익)를 내고 있지만 자금이 부족해 도산하는 경우다. 회계는 발생주의를 택하고 있기 때문에 회계기준에 의한 손익이 자금보유액과 항상 일치하지는 않기 때문이다. 이익이 발생해도 돈이 부족하고 이로 인해 망할 수도 있는 것이다. 이를 방지하기 위한 몇 가지 방안을 살펴보자.

### • 현금흐름표 작성

살펴본 현금흐름표를 정기적으로 작성해 현금의 흐름을 파악할 필요가 있다. 재무제표 작성을 외부 세무회계사무소에 의뢰한 경우에도 현금흐름표는 작성되지 않는 경우가 많다. 요청하는 사람이 없기 때문이다. 아마도 먼저 챙겨주지 않는다.

### • 재무비율 분석

매출채권 증가가 나쁜 것만은 아니다. 매출액이 증가하면서 매출채권은 증가할 수 있다. 매출액 대비 매출채권 비율이 어느 정도인지 과거의 흐름을 확인해야 한다. 매출액 대비 매출채권 비율이 특이하게 높아지고 있는지 주기적으로 검토할 필요가 있다.

### • 매출채권 회수

경영자 또는 영업사원은 실적을 위해 매출 발생에만 관심을 기울이는 경향이 있다. 이 경우 매출채권 회수는 본인의 업무 영역 밖으로 밀려나게 된다. 현금은 악성 매출채권으로 묶이게 되고 자금 사정은 악화된다. 매출채권 회수에도 관심을 가져야 한다.

### • 현금주의 매출 파악

회계는 발생주의를 택하고 있지만 내부 관리 목적으로 현금주의 장부를 작성해서 현금의 흐름을 파악할 필요가 있다.

《현금이 도는 장사를 해라》의 저자 손봉석은 현금의 중요성을 다음과 같이 말한다. 현금흐름 파악을 통해 회사의 혈액순환에 이상이 없는지 파악해보자.

> 매출이 사람의 외형적인 모습이라면 현금은 사람 몸의 피와 같다. 살이 찌거나 또 너무 마르더라도 당장 건강에 이상이 있는 것은 아니지만 피가 부족하거나 통하지 않으면 곧바로 생명이 위험하다. 현금이 부족하거나 흐름이 원활하지 못한 회사는 금세 부도 위기에 처할 수 있다.
> ─ 손봉석, 《현금이 도는 장사를 해라》, 다산북스, 2015, 20쪽

# 11 회계 주요용어 개념

### • 자산 vs 비용

자산은 특정 경제실체가 보유한 미래 경제적 효익의 유입이 기대되는 자원이다. 미래 경제적 효익은 미래 현금유입의 증가 또는 현금유출의 감소를 의미한다. 비용은 주된 영업활동을 수행하는 과정에서 수익 창출을 위해 발생한 경제적 자원의 유출이다.

### • 대손상각비

외상매출금 등 받을 권리가 있는 채권(자산)에 대해 회수 가능성이 어려울 것으로 판단되거나 회수불능으로 확정된 경우 비용으로 인식하는 것을 의미한다.

### • 대손충당금

외상매출금 등 받을 권리가 있는 채권에 대해 미래에 회수가 어려울 것으로 판단되는 금액을 표시하는 것이다. 회수 가능성이 낮을 경우 대손충당금으로 표시한다.

**예)** 외상매출금 1,000원에 대해 200원이 회수 가능성이 낮아 대손충당금을 인식하는 경우

(단위 : 원)

| 왼쪽(차변) | | 오른쪽(대변) | |
|---|---|---|---|
| 대손상각비(비용) | 200 | 대손충당금(자산의 감소) | 200 |

이 경우 대손충당금은 재무상태표에서 자산의 감소(차감)항목으로 표시하고 대손상각비는 손익계산서 비용으로 인식한다.

재무제표 표시

| 재무상태표 | | | 손익계산서 | |
|---|---|---|---|---|
| 외상매출금 | 1,000 | | 대손상각비 | 200 |
| 대손충당금 | (200) | 800 | | |

### • 재고자산평가손실, 재고자산평가충당금

재고자산평가손실은 자산으로 인식한 재고자산이 장기체화, 진부화 등으로 가치가 하락한 경우 가치하락된 금액을 손익계산서에 비용으로 인식하는 것을 의미한다. 재고자산평가충당금은 재고자산 중 가치가 하락된 금액을 재무상태표에 표시하는 것이다.

예) 재고자산 1,000원에 대해 500원의 가치가 하락된 경우 재고자산평가충당금을 인식

| 왼쪽(차변) | | 오른쪽(대변) | |
|---|---|---|---|
| 재고자산평가손실(비용) | 500 | 재고자산평가충당금(자산의 감소) | 500 |

재고자산평가손실은 손익계산서에 반영하고 재고자산평가충당금은 재무상태표에서 자산의 감소(차감)항목으로 표시해준다.

재무제표 표시(단위 : 원)

| 재고자산평가손실 반영 전 | | 재고자산평가손실 반영 후 | | |
|---|---|---|---|---|
| 재무상태표 | | 재무상태표 | | |
| 재고자산 | 1,000 | 재고자산 | 1,000 | |
| | | 재고자산평가충당금 | (500) | 500 |
| 손익계산서 | | 손익계산서 | | |
| 재고자산평가손실 | 0 | 재고자산평가손실 | | 500 |

• **유형자산**

유형자산은 눈에 보이는 자산으로 토지, 건물, 기계장치, 차량운반구, 비품 등으로 구성되며 기업의 수익창출을 위해 장기간 보유함으로써 미래 경제적 효익을 유입시킨다.

• **무형자산**

무형자산은 눈에 보이지 않는 자산으로 산업재산권(특허권, 상표권, 디자인권), 저작권, 소프트웨어, 개발비 등이 있다. 물리적인 실체가 없는 무형자산을 자산으로 인식하기 해서는 기업이 통제가 능해야 하고 미래 경제적 효익을 기대할 수 있어야 한다.

### • 감가상각

유형자산과 무형자산으로 인식된 금액을 기간 경과에 따라 비용으로 인식하는 과정을 의미한다. 자산을 사용할 것으로 예상되는 기간(내용연수) 동안 일정한 방법에 따라 비용으로 인식한다. 유형자산감가상각비, 무형자산상각비라는 비용이 인식된다.

### • 감가상각누계액

유형자산과 무형자산을 취득 이후 현재까지 인식한 감가상각비 누적 합계금액을 의미한다.

### • 투자자산

기업이 영업활동 목적 이외로 장기 투자를 목적으로 보유하는 자산이다. 타인에게 빌려준 장기대여금, 장기투자목적으로 취득한 타 회사 주식 및 사채, 임대수익 목적으로 보유하는 투자부동산 등이 해당된다.

### • 손상차손(감액손실)

유형자산, 무형자산, 투자자산 등에 대한 가치의 하락을 의미한다. 자산에 대해 가치하락이 발생한 경우 손상차손을 비용으로 손익계산서에 인식해 자산의 가치를 감소시켜 준다.

### • 손상차손누계액

해당 자산을 취득한 이후 현재까지 인식한 손상차손 누적 합계 금액을 의미한다.

### • 개발비

새로운 제품의 개발과정에서 발생한 비용을 의미한다. 비용에 해당하지만 해당 개발 제품으로부터 미래 매출 창출이 기대되는 경우 개발비가 발생하는 시점에는 비용이 아닌 무형자산 중 개발비로 인식할 수 있다. 자산으로 인식된 금액을 개발이 완료된 시점부터 일정기간 개발비 상각(무형자산상각)을 통해 비용으로 인식한다. 개발비의 가치가 없을 경우 손상차손을 인식해야 한다.

### • 영업권

타 회사의 자산 또는 지분을 인수하는 경우 그 회사의 순자산 장부금액을 초과해 지급한 금액을 의미한다. 순재산(자본) 1,000만 원(자산 5,000만 원, 부채 4,000만 원 가정)의 회사 자산과 부채를 현금 1,300만 원을 지급하고 인수한 경우 영업권은 300만 원(1,300만 원-1,000만 원)으로 산출된다.

영업권에 대해 가치하락으로 인한 손상사유가 발생한 경우 영업권 손상차손 비용을 인식하고 자산(무형자산)으로 인식된 영업권 금액을 감소시켜야 한다.

### • 취득원가(역사적 원가)

해당 자산을 최초로 취득할 때 소요된 금액을 의미한다. 취득한 경우 취득금액, 직접 제조한 경우 제조에 소요된 금액으로 인식한다.

### • 장부금액

특정 자산의 최초 취득원가에서 현재까지 인식한 대손충당금, 감가상각누계액, 손상차손누계액을 차감한 금액을 의미한다. 외상매출금의 경우 최초 발생금액에서 대손충당금을 차감한 금액, 유형자산과 무형자산의 경우 최초 취득금액에서 감가상각누계액과 손상차손누계액을 차감한 금액이다.

### • 기업회계기준

재무제표를 작성하는 기준을 의미한다.

① **국제회계기준**(IFRS : International Financial Reporting Standard) : 상장된 기업이 의무적으로 적용해야 하는 회계기준이다. 비상장기업도 원하는 경우 국제회계기준을 적용할 수 있다. 한국채택국제회계기준(K-IFRS) 이라고 한다.

② **일반기업회계기준** : 비상장기업에게 적용되는 회계기준이다.

### • 회계감사와 감사보고서

　재무제표가 기업회계기준에 의해 적정하게 작성되었는지 독립된 제3자가 검토하는 것을 의미한다. 회계감사 결과가 기재된 보고서를 감사보고서라 한다. 법에 의해 의무적으로 회계감사를 받아야 하는 회사의 감사보고서는 금융감독원 전자공시시스템에서 누구나 열람이 가능하다. 기업회계기준에 위반한 정도에 따라 감사보고서에 감사 결과를 감사의견으로 표명한다.

　감사의견은 감사보고서에 기재되는 재무제표 감사결과에 대한 의견으로 아래의 네 가지 종류가 있다.

- **적정의견** : 기업회계기준을 위반한 중대한 사항이 없을 경우
- **한정의견** : 일부 항목을 제외하곤 기업회계기준을 위한반 중대한 사항이 없을 경우
- **부적정의견** : 재무제표 항목 중 일부가 기업회계기준을 위반한 사항이 중대할 경우
- **의견거절** : 자료 미비 등으로 회계감사를 수행할 수 없어 의견을 제시할 수 없을 경우

　적정의견 이외의 감사의견을 비적정의견이라고 표현한다.

### • 감사보고서 강조사항 · 주석

강조의견은 감사의견에는 영향을 주지 않고 적정의견을 표명하지만 재무제표 특정 항목에 대한 내용을 강조하기 위해 기재되는 내용이다. 일반적으로 기업이 망하지 않고 계속 생존할 수 있을 것이라는 가정(이를 회계에서는 계속기업의 가정이라 한다)이 성립하지 않을 불확실성이 큰 경우 기재된다. 재무제표 이용자는 감사의견이 적정의견인 경우에도 강조사항으로 기재된 내용이 있다면 확인할 필요가 있다.

감사보고서 주석은 재무제표를 더 잘 이해할 수 있도록 추가적으로 설명을 기재하는 것을 의미한다.

### • 법정감사와 임의감사

주식회사의 외부감사에 의한 법률(외감법)에 의해 의무적으로 회계감사를 받아야 하는 경우를 법정감사라 한다. 기업의 선택에 의해 회계감사를 수행하는 것을 임의감사라 표현한다. "우리 회사는 올해부터 외감대상입니다."라는 말은 법정감사에 해당된다는 의미다.

법정감사 대상은 다음과 같다. 아래 요건 중 하나에 해당되면 법정감사 대상이다.

- 자산 500억 원 이상
- 매출액 500억 원 이상
- **다음 요건 중 2개 이상 해당** : 자산 120억 원 이상, 부채 70억

원 이상, 매출액 100억 원 이상, 종업원 100명 이상

### • 실사(Due Diligence)

실사 또는 DD라고도 표현한다. 어떤 대상을 주의깊게 조사한다는 의미다. 기업에 대한 실사는 재무실사, 세무실사, 법무실사 등이 있다. 재무실사는 FDD(Financial Due Diligence)라고 표현하며 주로 투자자가 투자의사결정을 하기 위한 경우, 기업인수합병(M&A), 기업상장 등을 진행하기 위해 재무제표에 기재된 재무 정보를 자세히 들여다보는 것이다.

### • 상환전환우선주(Redeemable Convertible Preference Shares)

투자자가 투자하는 방식 중의 하나로서, 투자자는 투자한 금액에 대해 회사에게 상환을 요구하거나 보통주식으로 전환을 요구할 수 있는 우선적인 권리가 부여된 주식의 종류를 의미한다. 투자자는 투자대상 회사의 영업성적이 좋지 않을 경우 투자금을 갚으라고 요구할 수 있다(상환권). 만약 투자대상 회사의 기업가치가 오르는 상황이라면 투자자는 해당 투자금 해당액 만큼 회사의 보통주식으로 전환을 요구해 해당 주식가치를 실현시킬 수 있다(전환권).

# Scale-up 회계성장통
## : 주요 회계 이슈

　회사의 거래가 증가할수록 재무제표 작성 시 고려해야 하는 회계 이슈는 많아질 수 있다. 회사의 성장과 함께하는 회계성장통일 수도 있다. 이는 어른이 되어가며 없어지는 아이의 성장통과는 다르다. 회계오류는 수정하지 않으면 더 큰 고통으로 이어진다. 자산으로 표시했던 항목이 비용으로 반영되기도 하고 이익이 손실로 바뀌기도 한다. 시간이 흘러갈수록 오류는 누적된다. 계속기업 가정을 실현해 가는 과정에서 발생 가능한 회계 이슈를 미리 파악하고 성장통을 대비하자.

## [발생가능한 항목별 주요 회계이슈]

| No | 구 분 | 주요 내용 |
|---|---|---|
| 1 | 보통예금 | • 장부와 예금잔고 불일치(정기적 대사 필요)<br>• 차입금에 대한 질권 설정 등으로 인출제한 된 경우 현금성자산이 아닌 단기금융상품 등으로 구분해야 함<br>• 정기예금, 정기적금 등 취득 당시 만기가 3개월 이후에 도래하는 경우에는 현금성자산이 아닌 단기금융상품 등으로 구분해야 함 |
| 2 | 매출채권 | • 거래처별 매출채권 내역 집계 및 장부금액과 일치여부 검토<br>• 장기 미회수채권 및 회수가능성 저하로 인한 대손충당금 발생 |
| 3 | 선급금,<br>가지급금 등 | • 선급금, 가지급금 등 자산으로 인식된 항목의 출처가 불분명하여 비용으로 인식해야 할 이슈<br>• 장기간 인식되어 올 경우 손상차손 인식필요성<br>• 가지급금 인정이자 등 세무 이슈 |
| 4 | 재고자산 | • 재무제표상 재고자산 금액과 재고자산 명세서상 금액 불일치<br>• 분실, 파손, 관리소홀 등으로 재고자산 실물이 존재하지 않음<br>• 진부화, 장기체화재고로 인한 재고자산 평가손실 인식 필요성<br>• 재고자산 수량 및 금액 평가오류로 인한 매출원가 집계 오류 |
| 5 | 투자자산 | • 다른 회사의 지분 등을 취득한 경우 상대회사의 재무상태 악화 등으로 인한 투자주식 손상차손 인식 필요성 발생 |
| 6 | 영업권 | • 다른 회사를 인수한 경우 취득하는 순자산가치보다 지급한 대가가 더 큰 경우 영업권 인식<br>• 인수한 상대회사의 미래 기대수익 악화될 경우 영업권 가치 하락으로 인한 영업권손상차손 인식 필요성 |
| 7 | 유형자산<br>/무형자산 | • 상각방법, 내용연수, 기중취득자산에 대한 월할 계산등 적용 오류로 감가상각비 계산오류<br>• 유형자산 실물과 장부상 항목 불일치 |
| 8 | 무형자산<br>(특허권 등) | • 외부에서 구입한 특허권 등을 평가한 경우 평가금액 적정성에 대한 이슈 및 평가손실 인식필요성 |

| | | |
|---|---|---|
| 9 | 무형자산 (개발비) | • 자산으로 인식한 개발비항목에 대한 자산성 요건이 미비한 경우<br>• 관련 매출이 발생하지 않거나 미래 수익이 기대되지 않는 경우 일시에 비용으로 인식해야 할 이슈 존재<br>• 자산으로 인식한 개발비에 대해 개발완료시점부터 상각을 해야하나 장기간 개발비 상각을 수행하지 않는 오류 |
| 10 | 수익인식시점 | • 일반적으로 부가가치세 기준으로 매출액을 인식하지만 회계상 수익인식 기준과 일치하지 않을 수 있음<br>• 매출대금 수령여부와 매출인식 여부는 무관(매출 대금을 수령했더라도 수익인식 시점을 충족시키지 못하면 매출로 인식해서는 안됨)<br>• 매출 인식을 위해서는 거래유형별로 기업회계기준상 수익인식 기준에 부합하는지를 검토 |
| 11 | 매출액 총액/순액 인식 | • 해당거래에 있어 기업의 역할을 고려하여 매출액에 대한 총액과 순액인식을 적용해야 함<br>• 기업이 거래당사자로서 재화나 용역의 제공에 대한 책임을 부담하고 재고자산에 대한 위험을 부담하는 경우 총액으로 인식, 대리인으로서 활동하는 경우 순액인식 |
| 12 | 부채항목 누락 오류 | • 임직원에 대한 퇴직급여충당부채를 재무제표에 반영하지 않은 경우: 부채 누락으로 순자산 과다<br>• 임원과 직원에 대한 퇴직금 지급규정이 존재하지 않는 경우<br>• 차입금에 대해 직전이자지급일로부터 결산기말 시점까지 기간이 경과한 이자에 대해 미지급비용으로 인식해야 함<br>• 종업권 유급연차휴가가 발생한 경우 근로를 제공한 회계연도에 해당 연차비용을 반영해야 함<br>• 임직원에 대해 지급하기로 의결한 상여금에 대해 실제 지급일이 도래하지 않았더라도 회계연도말에 미지급비용으로 반영해야 함 |
| 13 | 차입금 유동성 분류 오류 | • 장기차입금 등 회계연도말 1년 이내 상환기일이 존재하는 금액에 대해서는 유동부채 항목인 유동성장기차입금 항목으로 반영해야 함<br>• 사채, 전환사채, 신주인수권부사채를 발행한 경우 계약상 만기가 1년 이후에 도래하더라도 채권자가 1년 이내 상환청구권을 행사할 수 있는 경우에도 유동성장기차입금 항목으로 반영해야 함 |
| 14 | 채권·채무 집계 오류 | • 매출 및 매입대금에 대한 채권·채무 관리 소홀로 거래처별 채권·채무 합계와 회계장부 불일치 오류 |
| 15 | 자금조달 회계처리 등 | • 자금차입, 보통주/상환전환우선주식 발행 등 자금조달 유형에 따른 회계처리 적절성 및 오류 검토<br>• 자본 변동 및 자본잠식 여부 사전 검토 |

# 재무실사, 회계감사 대비 Checklist 63

회사가 성장할수록 회계정보는 차곡차곡 쌓여가며 재무제표로 나타난다. 재무제표에 대해 투자를 위한 재무실사나 회계감사를 위해 항목별로 준비해야 할 기본적인 내용들을 살펴보자. 특히 처음으로 회계감사 또는 재무실사를 받는 회사의 경우 많은 자료 준비로 부담이 될 수 있으므로 해당 사항이 있는 자료에 대해서는 미리 준비할 필요가 있다. 유비무환이다.

[회계감사, 재무실사 대비 checklist(예시)]

| No | 구분 | 내용 |
|---|---|---|
| 1 | 회사일반 | 회사 profile/소개자료 |
| 2 | 회사일반 | 정관 |
| 3 | 회사일반 | 조직도 및 주요 경영진 현황 |
| 4 | 회사일반 | 주주 및 임원명부 |
| 5 | 회사일반 | 법인 등기부등본 |
| 6 | 회사일반 | 사업자등록증 |
| 7 | 회사일반 | 이사회 및 주주총회 의사록 |
| 8 | 회사일반 | 회사규정집(급여규정, 퇴직금규정, 회계규정) |
| 9 | 회사일반 | 금융기관 목록 및 주요 약정현황 |
| 10 | 회사일반 | 특수관계자 현황 |
| 11 | 회사일반 | 주요제품 및 주요설비목록 |
| 12 | 재무제표 | 재무제표 : 재무상태표, 손익계산서, 자본변동표, 제조원가명세서, 현금흐름표 |
| 13 | 재무제표 | 계정별 세부명세서 |
| 14 | 재무제표 | 총계정원장 |
| 15 | 재무제표 | 계정별 보조원장 |
| 16 | 재무제표 | 시산표 |
| 17 | 재무제표 | 분개장 |
| 18 | 재무제표 | 현금 및 현금성자산 예금보유내역 |
| 19 | 현금 및 현금성자산 | 예적금 잔액명세서, 사용 제한된 예적금 내역 |
| 20 | 현금 및 현금성자산 | 국고보조금 세부내역 |
| 21 | 현금 및 현금성자산 | 은행계좌 입출금내역서 |
| 22 | 현금 및 현금성자산 | 통장사본 |

| 23 | 현금 및 현금성자산 | 매출채권 세부명세 |
|---|---|---|
| 24 | 매출채권 | 매출채권 대손충당금 회계정책 및 산출내역 |
| 25 | 매출채권 및 기타자산 | 매출채권 및 기타채권에 대한 연령분석 자료 |
| 26 | 재고자산 | 재고자산명세(20xx.1.1~20xx.12.31 입출고내역 포함) |
| 27 | 재고자산 | 진부화된 재고자산 내역 |
| 28 | 재고자산 | 재공품 세부내역 및 원가 산출내역 |
| 29 | 재고자산 | 재고자산평가충당금 회계정책 및 산출내역 |
| 30 | 기타유동자산 | 기타유동자산(미수금, 선급금, 가지급금, 단기대여금 등 포함) 세부내역 및 자산성 평가자료 |
| 31 | 기타유동자산 | 선급비용 산출내역 |
| 32 | 유형자산 | 유형자산 세부내역(감가상각비 산출내역 포함)<br>- 유형자산 세부명세(기초, 취득, 증가, 기말)<br>- 담보제공된 유형자산, 해당사항 있을 경우<br>- 보험가입자산, 보험가입증서<br>- 최근 유형자산 감정평가내역 |
| 33 | 유형자산 | 유형자산 취득/처분내역 관련 거래 자료 |
| 34 | 유형자산 | 유형자산(토지, 건물) 등기부등본 |
| 35 | 무형자산 | 무형자산 세부내역(무형자산상각비 산출내역 포함) |
| 36 | 무형자산 | 개발비 세부내역 및 산정내역 및 개발비 자산성 검토 문서 |
| 37 | 무형자산 | 진행중인 연구개발 활동 리스트 |
| 38 | 기타비유동자산 | 기타비유동자산(보증금 등) 세부내역 |
| 39 | 매입채무 | 매입채무 세부명세 |
| 40 | 차입금 | 장단기차입금 세부명세 |
| 41 | 차입금 | 차입약정서 |
| 42 | 기타유동/비유동부채 | 기타유동부채(미지급금, 선수금, 예수금, 가수금 등) 및 비유동부채(주주임원종업원차입금 등) 세부내역 |
| 43 | 퇴직급여충당부채 | 퇴직급여충당부채 : 회계정책 및 세부 산출내역 |

| | | |
|---|---|---|
| 44 | 외화자산부채 | 보유 중인 외화 자산부채명세 |
| 45 | 외화자산부채 | 외화자산부채 환산내역(외화환산손익 산출내역) |
| 46 | 외화자산부채 | 외화자산부채 거래내역(외환차손익 산출내역) |
| 47 | 자본 | 회사 설립 이후 자본금 및 자본잉여금 변동내역 |
| 48 | 자본 | 투자자로부터 투자받은 금액 세부내역 |
| 49 | 자본 | 투자계약서 |
| 50 | 자본 | 투자를 위한 재무실사보고서, 기업가치평가보고서 |
| 51 | 자본 | 스톡옵션 부여 현황 |
| 52 | 매출 | 매출세부내역 : 매출일자, 고객명, 매출금액, 거래 관련 서류(구매요청서,구매계약서,인보이스 등) |
| 53 | 매출 | 회사의 수익인식 회계기준 |
| 54 | 매출(VAT신고서) | 부가가치세 신고서 |
| 55 | 매출(VAT신고서) | 손익계산서 매출액과 부가세신고서상 수입금액의 차이내역 |
| 56 | 영업비용 | 영업비용 세부내역 : 매출원가(제조원가), 판매관리비 |
| 57 | 영업비용 | 영업비용 지출내역에 대한 적격증빙: 세금계산서, 신용카드매출전표, 현금영수증 등 |
| 58 | 급여 | 월별 직원수(20xx.1.1~20xx.12.31) |
| 59 | 급여 | 근로계약서/연봉계약서, 연차 수당 계산 내역 |
| 60 | 급여 | 원천징수이행상황신고서 |
| 61 | 급여 | 20xx년 급여대장 |
| 62 | 법인세 | 법인세 신고서(20x1, 20x2, 20x3) |
| 63 | 기타 | 미래(3~5개년) 사업계획 |

# 14 회계개념 정립하기
## : 학습 총정리

지금까지 재무제표 기본 개념과 구성 형태, 주요 회계이슈 등을 살펴 보았다. 살펴본 내용을 정리해 보자.

### ◯ 재무상태표와 손익계산서

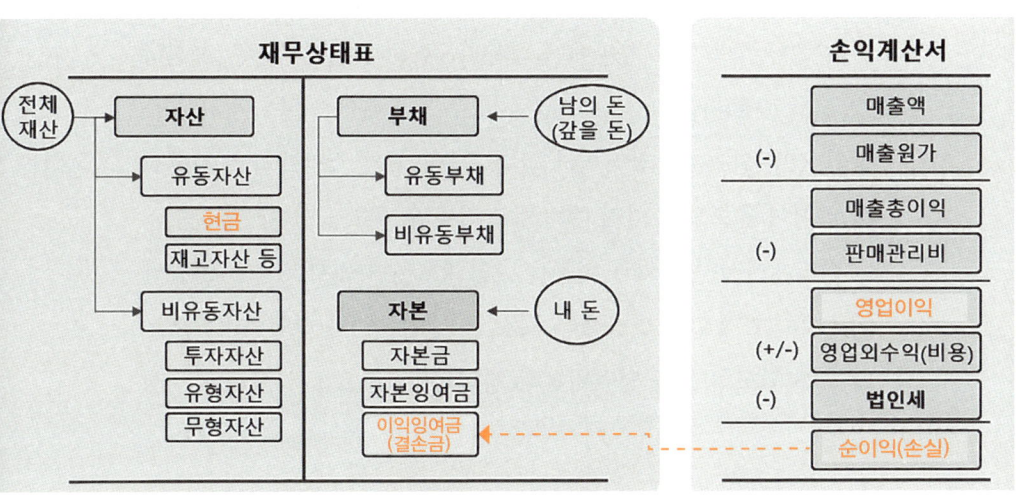

재무상태표에는 자산과 부채과 표시된다. 자산은 자신이 가진 전채 재산, 부채는 타인에게 갚을 돈, 자본은 부채에서 자본을 차감한 순재산이다. 자산은 1년을 기준으로 유동자산과 비유동자산으로 구분할 수 있고 자산 측면에서는 실재성(자산 항목이 실재 존재하는가)과 자산성(그만큼의 돈이 되어 가치가 있을 것인가) 검토가 중요하다. 부채 또한 갚아야 할 시기를 1년 기준으로 유동부채와 비유동부채로 나누어진다. 부채는 현금흐름 측면에서 유동과 비유동분류 및 재무상태표에 포함되지 않은 항목이 있는지 여부를 생각해 보아야 한다.

재무상태표에서 주요 재무비율로 부채비율과 유동비율이 있다. 부채비율은 남에게 갚아야 할 부채가 자본의 몇 배인지를 나타내고, 유동비율은 1년 이내 갚아야 할 유동부채 대비 1년 이내 돈이 되는 유동자산이 어느 정도 수준인지를 알 수 있는 척도이다.

자본은 자본금과 자본잉여금, 이익잉여금(또는 결손금)으로 구성된다. 손익계산서에서 산출된 당기순이익은 이익잉여금으로 손실은 결손금 항목으로 자본에 합산된다. 결손금이 자본금을 잠식하는 경우 (부분)자본잠식, 자본금을 모두 잠식하여 자본합계가 (-)음수인 경우 완전자본잠식이라 한다. 특히 초기 스타트업은 자본잠식 위험이 높으므로 미리 대비하고 검토할 필요가 있다.

손익계산서는 수익과 비용을 나타내고 수익에서 비용을 차감하여 이익(또는 손실)이 산출된다. 수익을 영업수익과 영업외비용으로 나눌 수 있고 비용을 영업비용과 영업외비용으로 나눌 수 있다. 영업비용을 매출원가와 판매관리비로 추가 구분할 수 있고 이 경우, 손익계산서에는 매출총이익, 영업이익, 당기순이익으로 표시된다. 기업 본연의 손익과 기업가치 측면에서 중요한 개념은 영업이익이다.

손익계산서 주요 비율은 매출액 대비 매출원가율(매출총이익율)과 영업이익율이다. 회사의 장단기 목표 영업이익율이 어느 정도 수준인지 원가율과 함께 개념을 숙지할 필요가 있다.

## ○ 주요 회계이슈는

재무제표에서 주로 발생하는 회계이슈는 복식부기에서 답을 찾을 수 있었다. 자산과 비용은 왼쪽, 나머지는 오른쪽이다. 자산과 수익을 크게 보이게 위해 비용으로 인식해야 할 항목을 비용이 아닌 자산으로 반영하는 경우가 회계 이슈의 대부분을 차지한다. 재무상태표에 자산으로 표시된 여러 항목 중 폭탄과도 같은 비용으로 반영되어야 할 항목은 없는지 재무상태를 들여다 보자.

우리 회사는 무엇을 하는 회사인지에 대한 답에 따라 영업수익과 영업외수익이 구분되고 매출을 인식하는 타이밍과, 수익인식기준(총액·순액)에 의해 연도별 손익과 매출액 크기가 변동된다. 정부지원금을 회계처리하는 방법에 따라 영업이익과 매출액이 달라질 수도 있다. 이에 대한 검토도 필요하다.

눈에 보이지 않는 부채에 대해서도 신경을 써야 한다. 재무제표에 표시되지 않았지만 회사의 순자산을 감소시킬 수 있는 부채가 존재하지 않는지, 재무제표에 추가로 반영해야 할 항목은 없는지 관심을 기울여 보자.

과거 재무정보를 토대로 미래 영업이익과 현금흐름를 추정하여 기업가치를 도출하고 기업가치와 투자유치과정에서 투자금액 및 창업자가 투자자에게 내어 주어야 하는 지분율 개념도 살펴보았다. 창업자는 최소한의 재무지식을 무장하고 투자자의 마음을 읽는 관심법을 가지고 투자 협상에 임해야 한다. 투자금 조달형태에 따라 재무제표에 미치는 영향도 염두에 두고 무엇보다도 투자금은 공짜가 아니라는 사실도 숙지할 필요가 있다.

## ○ 발생주의 vs 현금주의

복식부기 재무제표는 현금주의가 아닌 발생주의를 적용한다. 실제 현금 흐름과 관계없이 수익창출이 완료되고 지급할 의무가 발생하였다면 재무제표에 해당거래를 기록한다. 이로 인해 손익계산서상 이익과 실제 현금보유액은 일치하지 않는다. 발생주의로 작성된 손익계산서의 이익과 재무상태표에 표시된 실제 현금과의 변동을 보여주는 것이 현금흐름표다. 장부상 손익과 함께 내부 관리 목적으로 현금흐름표 작성을 통해 현금 흐름을 파악할 필요가 있다.

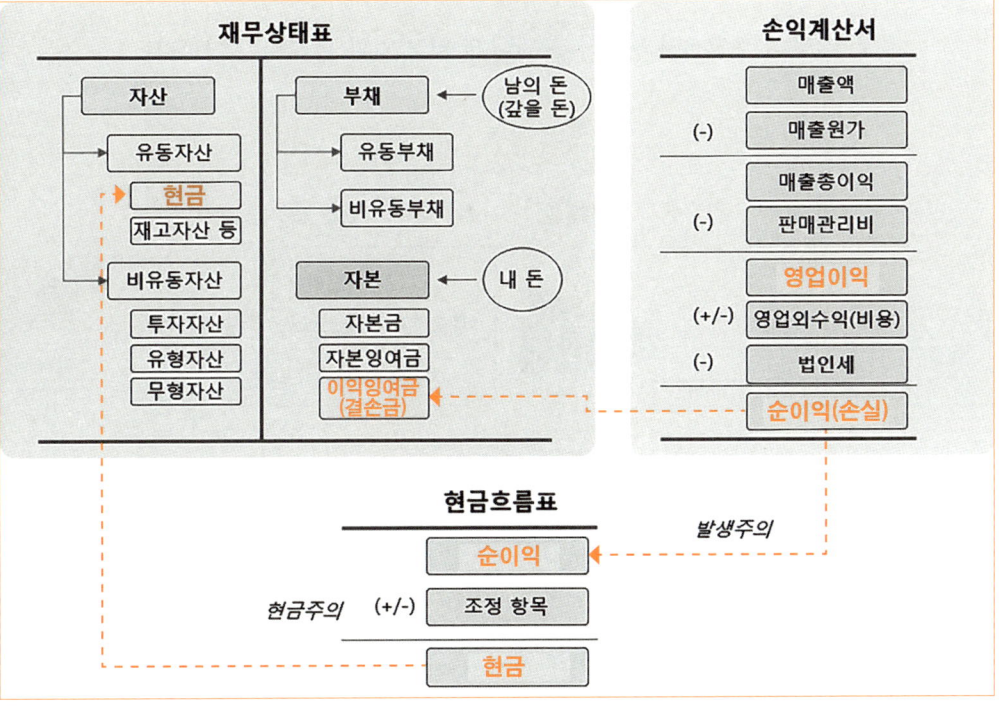

## ○ Scale-up을 향해

 스타트업이 스케일업을 향한 여정에서 만나게 될 주요 회계이슈, 회계성장통을 숙지하자. 그리고 재무실사, 회계감사 대비 체크리스트를 통해 발생가능한 이슈를 미리 검토하고 준비할 필요가 있다.

 초기 기업은 성격상 재무/손익구조가 양호하지 않을 수 있다. 현재의 모습보다 미래가 중요하다. 이 책에 정리된 내용을 다시 한

번 검토해 보고 3년 후 5년 후 만나게 될 기업의 모습을 그려보자!

| 현재 | 1년 후 | 2년 후 | 3년 후 | 4년 후 | 5년 후 | ---- |

**북큐레이션** • 부와 행복, 경제적 자유를 추구하는 이들을 위한 책
《스타트업 30분 회계(개정판)》와 함께 읽으면 좋은 책. 새로운 변화의 축이 되는 사람으로 당신의 브랜딩을 돕습니다.

*병원 경영의 효율화가 적극 요구되는 시대*

## MSO Ontology (온톨로지)

유하린 지음 | 18,000원

**병원경영관리(MSO)의 본질(Ontology)을 새롭게 정의한다!
병원의 성장을 원한다면 새로운 시대의 병원경영관리에 주목하자.**

언제나 그랬듯, 시대의 변화에 따라 요구되는 핵심가치를 충실하게 이행하고 변화를 두려워하지 않는 자들은 늘 진화의 새로운 정점에 올라섰다. 정부의 의대 정원 증가 이슈로 의료계 전반에서 개인병원의 경쟁 구도가 더없이 치열해질 것으로 점쳐지는 현실에서, 새로운 시대가 요구하는 병원경영관리의 본질을 정의하는 《MSO Ontology》의 의미는 더욱 절실하게 관심 독자들에게 다가갈 것으로 기대한다.

*원하는 삶의 성취를 위한 현대인의 필수 조건*

## 자기경영 헬스케어

정성훈 지음 | 23,000원

**몸과 마음이 지친 현대인들을 위한 새로운 패러다임
삶에 대한 열정과 용기, 꿈을 불어넣는 〈자기경영 헬스케어〉**

21세기 들어서 수많은 자기계발서가 쏟아져 나왔음에도 불구하고 현대인들의 몸과 마음은 갈수록 지쳐가고 있다. 이러한 시점에서 현대인들에게 가장 시급한 것은 바로 지친 육체와 정신의 건강을 스스로 관리할 수 있는 역량을 갖추는 것이다. 아울러 새로운 패러다임의 삶에 대한 열정과 용기 그리고 꿈과 희망이 필요하다. 그것이 바로 소진된 육체와 정신의 에너지를 스스로 충전하며, 심신통합 건강을 바탕으로 꿈과 목표를 실현하도록 돕는 〈자기경영 헬스케어〉가 필요한 시대적 이유이다. 그로 인해 스트레스, 우울증, 무기력, 번아웃 증후군, 자살 등의 사회적 질환이 예방되고 극복될 수 있다.

*일상 속의 공식이자 실제적인 액션플랜*

## 파워루틴핏

정세연 지음 | 19,500원

**파워루틴이 당신의 삶에 변화와 행복의 실행력을 불어넣을 것이다!**

행복해지고 싶고 이제는 좀 달라지고 싶지만 어디서부터 어떻게 시작해야 할지 모르겠다면, 파워 루틴핏으로 오늘이라는 계단을 올라보길 바란다. 한 번에 한 계단씩 천천히 행복하게 오를 수 있도록 파워 루틴 코치인 저자가 도와줄 것이다. 일상 속 사소하지만 중요한 고민들의 해답을 얻길 바라며, 이제 함께 파워 루틴핏을 시작해보자.

커리어 확장과 자아실현, 부의 루틴, 건강의 루틴을 통해 정체된 당신의 행동력에 생기를 불어넣고 성공적인 삶을 영위하고자 하는 독자에게 이 책의 일독을 권한다.

*새로운 비주얼 경쟁력 강화법*

## 퍼스널 브랜딩 피부

남수현 지음 | 19,800원

**매력의 시대, 자신만의 퍼스널 브랜딩 피부에서 시작된다. 나를 바꾸는 또 하나의 무기, 《퍼스널 브랜딩 피부》**

이 책은 피부에 대한 이해와 올바른 관리 방법에 대한 정보를 제공하여 이러한 문제를 해결하고자 한다. 우리는 피부를 단순히 외모의 일부분으로만 보지 않고, 우리의 건강과 자아에 큰 영향을 미치는 중요한 요소로 인식해야 한다. 피부를 제대로 관리하고 건강하게 유지하는 것은 우리의 삶의 질을 향상하고, 자신감과 자존감을 높여줄 수 있는 중요한 요소이다.

피부에 대한 기본 구조와 각자의 피부에 맞는 적절한 관리 방법을 찾는 데 도움을 주어 피부와 관련된 다양한 문제에 대한 해결책을 제시하고, 누구나 실천만 한다면 건강하고 아름다운 피부를 가꾸는 방법을 터득할 것이다.